电力营销数据质量治理系列丛书

U0658001

营销普查数字化技术应用

国家电网有限公司市场营销部 编

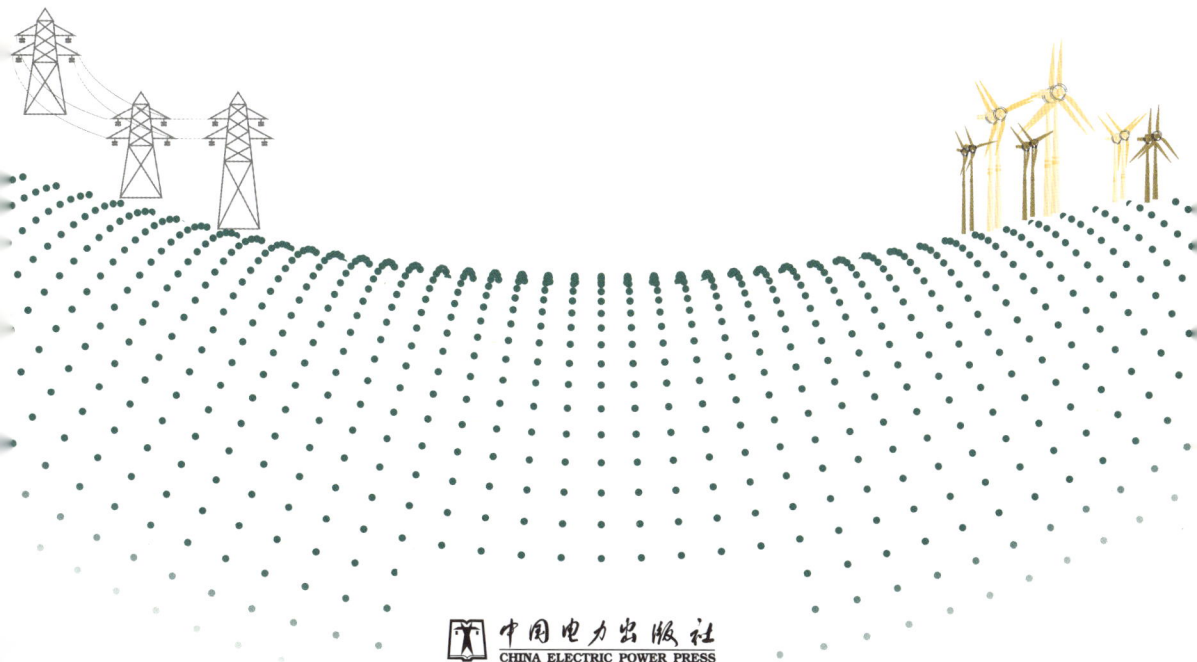

中国电力出版社
CHINA ELECTRIC POWER PRESS

图书在版编目（CIP）数据

电力营销数据质量治理系列丛书．营销普查数字化技术应用 / 国家电网有限公司市场营销部编．－－北京：中国电力出版社，2023.12（2024.2重印）

ISBN 978-7-5198-8328-7

Ⅰ．①电… Ⅱ．①国… Ⅲ．①电力工业－市场营销－营销服务－数字化－中国 Ⅳ．①F426.61

中国国家版本馆CIP数据核字（2023）第222334号

出版发行：中国电力出版社

地　　址：北京市东城区北京站西街 19 号（邮政编码 100005）

网　　址：http://www.cepp.sgcc.com.cn

责任编辑：杨敏群　马　丹

责任校对：黄　蓓　王海南

责任印制：钱兴根

印　　刷：三河市万龙印装有限公司

版　　次：2023 年 12 月第一版

印　　次：2024 年 2 月北京第二次印刷

开　　本：710 毫米 ×1000 毫米　16 开本

印　　张：6

字　　数：86 千字

定　　价：25.00 元

电力营销数据质量治理系列丛书

编 委 会

营销普查数字化技术应用
编 写 组

主　　编　　王锦志　何宝灵　何　胜　杨　恒　解利斌　周　晖　范旭东
陈海洋　祖　敏　王智卜　马鲁晋　潘艳霞　李贵民　张永康
陈黎军　吕　斌　陈秀丽　易志宇　陈湘嫒　孙合法　詹瑞华
唐　勇　王先明　张　冶　赵志坤　王剑波　王治国　王自军
宁大鹏　牛威如　郭志华　李春芳　李满树　贡　嘎　张　莉
周　峰　周　俊　王宏伟

副 主 编　　朱　克　汪自虎　周荣臻　宫立华　刘炳超　于　洋　刘振扬
高　乐　王宏民　林　华　李　颖　王俊龙　王秀明　乔　羽
王　鑫　李树青　张　腾　侯素颖　刘辉舟　黄　荷　宋　睿
杨　阳　刘树来　李桂林　胡　兴　刘栋果　姚云霓　崔新廷
杨慧敏　杜　杰　黎启明　乔　虎　路　洁　黄　华　耿　菲
于景阳　陈　昊　李亚杰　刘　锋　黄　莺

编写人员　　裴一菲　周辛南　韩思雨　赵琛辉　张国民　刘红飞　赵　斌
吴　丹　徐清新　李小芳　陈　锋　杨福利　杨红涛　李高扬
耿　涛　刘瑞涛　冯　剑　万国强　王旭东　孔吟潇　张　艳
张　旭　吴　前　陈　杰　陈　尖　蒋莫若　王玉东　刘　庆
周有金　况贞戎　侯眢宇　白云峰　陈　琦　楚成博　卢　帅
杨序明　曾洪飞　吕　呈　迪里达尔　马黎明　周海超　谢晓爽
刘　冰　于　涵　杨　帆　张　帝　谢　超　李　华　周晨晖
王　波　李婉娉　刘　洋　张　敏　李冰洋　周　越　李海洪
颜从国　杨迎旗　冯隆基　王　芃　潘雨晴　郑皓天　陈雪薇
周雪飞　张　璐　李　媛　朗珍白桑　郭　伟　王巳腾　朱丽萍
王剑峰　胡　磊　吕毅军　李晓东　费丹雄　林　鹤　王嵩为
徐微微　张明轩　王　雷　宋剑枫　徐明月　孟爽爽　谢林红

审稿人员　　丁　晓　殷庆铎　王文天　洪　杨　林繁涛　朱伟义　李　玮
刘鲲鹏　李世伟　丁毛毛　季晓明　余锦河　许道强　于晨辰
栾开宁　朱子旭　江　龙　徐梦舟　蒋　涛　王玉华　韩　硕
赵　莉　冯　磊　钱志立　林敬恩　李立刚　石　振　高占宾
周凤华　李承桓　彭沛然　张晓明　林晓静　李果雪　田　成
宋振世　常　超　滕　宇　黄　浩　鲁　进　赖世仁

前　言

　　数据治理是提升客户业务办理体验和基层工作效率的关键抓手，是建设站位更高远、理念更深入、手段更先进、运营更高效、队伍更专业、品质更优秀的卓越供电服务体系的重要手段，是打造世界一流供电服务企业的必由之路。国家电网有限公司坚持"人民电业为人民"的企业宗旨和以客户为中心的服务理念，2021—2022年专项开展了营销普查和规范工作，致力于夯实营销基础管理、促进营销数字化转型、打造高品质卓越服务。

　　数据治理工作具有长期性、复杂性和广泛性。为强化营销服务人员对数据质量提升的理解和认识，推进营销普查和规范治理常态化，同时为营销2.0系统上线应用提供更加精准、规范的数据支撑，国网市场营销部组织行业、系统内营销专家编写了《电力营销数据质量治理系列丛书》。本丛书深入总结了营销普查和规范两年工作的成效，广泛调研了营销系统基层一线人员工作质量，以实用性、先进性、规范性为原则，共分为电力营销数据质量治理应知应会、电力营销数据质量治理百问百答、营销普查稽核实务、营销普查数字化技术应用、居住小区档案应用、营销2.0系统普查实践等6个分册，以期全面升级数据治理的制度体系、技术工具和队伍能力，全面提升营销人员的数据意识、知识结构和服务水平。

　　本丛书的内容涉及电力营销与数据质量管理、电力营销与服务品质管理工作的诸多方面，既可以作为电网企业开展电力营销数据质量治理实践的参考用书，也可以作为营销服务人员提升能力的培训教材。

编者

2023年9月

目　录

前　言

第一章

营销普查方法

一、数据采录核验方法

（一）政企联防联控普查法

1.定义概要

针对营销普查范围点多面广、用户响应不足、信息壁垒高筑等问题，从渠道、服务、业务、信息四个方面与政府部门、园区社区及其他第三方平台深度融合，构建公共信息标准，实现共享共通，提升普查质效。

2.方法措施

> **渠道融合，共强引导**。对接市、区（县）两级政府，促请出台电力普查支撑性文件，引导广大居民、企业用户知晓政策，提升普查对象配合度。推动营销普查纳入媒体平台、公告栏、微信公众号、运营商等政务媒体联合宣传推广，提高普查对象接受度。

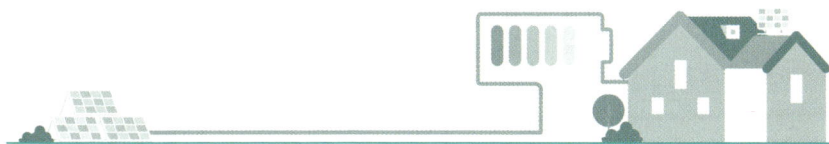

服务融合，共重沟通。 依托城乡社区网格化，组建"用户经理+社区网格员"服务队伍，整合疫情防控居民用户信息，人口普查数据，"五保户"用户信息等。通过社区街道服务活动，开展用户实名认证、信息核对工作，提高普查效率，确保基础数据采集完整有效。

信息融合，共促交互。 贯通省、市政务服务平台，实现身份证、不动产证、统一社会信用代码等政务信息共享和实时调用；利用大数据平台共享规划局建设用地规划许可、采矿许可等证照信息；打通网上国网、支付宝、地图等三方数据链路，补全更新用户地址、证件信息、联系电话等基础信息。将政企数据信息融入新装、变更等业务办理环节作为辅助支撑，强化数据源头管控，同步完成信息比对、更新，完成"一站式"普查流程。

业务融合，共提质效。 签订警企战略合作协议，共享公安"一标三实"基础信息，实现用电地址、证件信息、联系方式等信息的标准化统一。借助城市管理局系统完善工作的契机，获得政府委托授权入户采集商户基础信息，高效完成商业用户普查。深化与园区各项互动活动，通过园区水电气联合安全检查，"一户一策"用电成本压降，事故隐患定期巡查等工作任务，一次性完成园区服务、企业现场走访、涉电问题搜集、高压现场普查等工作。

（二）六层漏斗快速过滤法

1.定义概要

利用自然语言处理模糊匹配和OCR智能扫描回填等技术，将营销业务应用系统用户编号与企事业单位统一社会信用代码建立映射关系，搭建六层过滤模型，通过统一社会信用代码获取企业名称、注册地址、法人代表、增值税信息等外部数据，补填、比对系统用户档案信息。

2.方法措施

对于有统一社会信用代码且有增值税信息的营销系统档案数据，首先用档案中的增值税数据关联外部数据取得外部统一社会信用代码，然后利用档案中的用户名称和外部数据中的企业名称执行模糊匹配算法模型，完成验证。

对于有统一社会信用代码且有企业申请证件信息的营销系统档案数据，首先用档案中的证件数据关联外部数据取得外部统一社会信用代码，而后利用档案中的用户名称和外部数据中的企业名称执行模糊匹配算法模型，完成验证。

对于缺乏统一社会信用代码、增值税号等有效信息的档案数据，直接将营销档案中的用户名称和外部数据中的企业名称执行全名精确匹配，并校验地址信息，完成内外部数据关联匹配。

对于缺乏统一社会信用代码、增值税等有效信息的档案数据，将营销档案中的用户名称和工作人员记录的企业增值税开票信息中的企业名称执行全名精确匹配，并校验地址信息，完成内外部数据关联匹配。

对于没有统一社会信用代码、增值税信息、证件信息的营销系统档案数据，在可以收集到企业注册纸质证件的情况下，直接利用档案中的用户名称、地址和企业注册证件OCR扫描数据中的企业名称、注册地址执行模糊匹配算法模型，完成内外部数据关联匹配。

对于上述步骤都匹配失败的样本，将档案中的用户名称、地址和外部数据的企业名称、注册地址、企业法人执行基于人工智能的模糊匹配算法模型，完成内外部数据关联匹配。

（三）非接触式线上普查法

1.定义概要

应用数据核查工具，构建九类普查标签，针对性开展居民用户基础档案问题核查，精准定位异常数据和异常信息，辅助各级公司提升数据质量。

2.方法措施

运用核查工具筛查异常档案分类发布。一是依据营销数据质量标准明确居民四类字段数据核查规则，在线更新异常数据及异常信息，实现问题精准定位与渠道精准推送。二是根据数据核查规则、核查流程、核查周期需求，开展数据核查工具建设，实现定期自动对居民用户档案数据筛选、核查。三是通过电话号码初步判断给95598客服、网上国网、各省公司的数据集。即电话号码不合规且未被网上国网账号绑定的用户信息通过工单下派至省公司；电话合规的用户档案，判断是否为网上国网注册用户，非注册用户的用户档案发送至95598；注册用户发给网上国网。

运用网上国网自助核查高效触达用户。一是根据全量数据初筛结果，利用公安实名认证服务，应用网上国网平台户主认证数据、实名认证数据等采信度高的数据进行二次核查，结合核查结果开展线上普查信息定向推送，为省公司补足缺失及异常数据。二是发挥"网上国网"线上渠道优势，基于网上国网活动运营体系"电费红包、积分"等相关优惠，各省公司通过线上、线下各种渠道，积极开展居民线上自助普查相关宣传、推广和激励活动，引导用户在线更新档案信息，提高普查效率，减轻基层员工现场普查压力。三是自助普查与网上国网"现场帮"频道融合，"现场帮"业务看板中增加居民普查任务进度预警指标展示的设计，对供电所当月自助核查完成量、累计自助核查完成量、剩余待自助核查量进行展示。

运用人工+智能外呼精准定位用户。一是根据数据核查工具生成的居民用户异常结果数据清单，使用人工或智能机器人开展主动外呼工作，主要比对居民用户户名、四级地址、联系方式、证件等信息。二是针对信息缺失或异常的情况，派发营销基础信息校核工单至各省公司处理，提升用户档案信息准确性。三是推送相关链接短信引导用户到网上国网更新档案信息，减轻基层员工现场普查压力。

部署线上普查全网标签。一是应用实时标签技术、全网标签库双向共享能力，配置9类线上普查全网标签，直观展示普查渠道、普查过程、处理结果等多维信息。二是通过普查标签共享，打通各单位、各渠道间普查信息壁垒，实现国网客服中心普查与省公司校核两方面的数据同步，支撑业务人员采取最佳普查策略，提高普查效率，提升用户感知。三是国网客服中心、各省公司基于标签的双向协同工作开展，验证了标签作为双方之间信息同步载体的可行性，为未来其他两级协同作业工作沉淀经验。

（四）用电地址标准选址法

1.定义概要

用电地址标准化分为省、市、区县、街道（乡镇）、居委会（村）、道路、小区，综合用户门牌号组成用户标准用电地址。七级地址前四级行政区划数据通过民政部官方网站获取信息，第五级社区数据通过民政第五次普查内部数据和互联网数据互为补充，第六、七级路网数据通过对接思极地图信息进行更新，综合用户门牌号等后几级地址数据通过营销普查进行用户数据采集、沉淀。

2.方法措施

积极对接政府部门获取小区标准地址信息。对接大数据局、民政局、社治委等政府部门获取小区七级标准地址信息，建立政企数据共享机制。

应用地图定位比对小区位置。依托营销系统用户地址数据，与GIS 2.0地图、思极地图等进行位置精准匹配。

电话确认用户地址信息。对于营销系统和地图中小区名称相似（同音）问题，可能为原地址维护时工作人员录入错误造成的，可通过用户电话进行沟通确认。

网上国网 App 确认地址信息。通过网上国网 App 内信息推送，由用户进行地址正确性确认，实现技术手段上的数据核验，减少现场核验工作量。

建立小区标准地址新增及变更机制。对区划变动、拆迁新建地块及时开展小区标准地址维护，建立周期性的数据获取更新机制。

二、数据治理维护方法

（一）字段耦合逻辑校验法

1.定义概要

运用逻辑手段对营销普查字段进行逻辑判断的方法和过程。普查字段逻辑检验包含：一是单个普查字段内部的逻辑一致性。即单个字段内部多条普查规则之间的逻辑校验。二是普查字段外部的逻辑一致性。即检验某个普查字段与其他关联的普查字段之间在逻辑上是否一致。

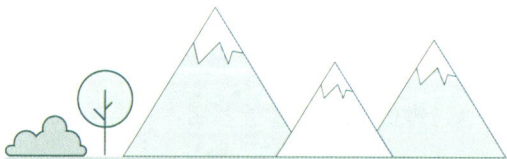

2.方法措施

单字段约束。 用户营销档案信息字段繁多，若逐一进行现场普查核验，工作量较大。系统对单字段填写进行录入格式约束和异常内容判断，如用户手机号限定11位，统一社会信用代码和身份证号码限定18位，电压等级、地址码、行业分类码等字段均有标准的录入格式要求，并将单字段约束部署在普查工具前台界面，便可对普查人员的录入质量进行有效把控。

多字段耦合。 由于营销业务具有相当的复杂性，在用户历史档案建立时操作不规范、业务变更时未同步进行耦合字段的档案维护等原因，营销档案中可能出现多字段耦合的逻辑异常。在单字段约束的基础上，形成了多字段耦合规则，除了单字段自身的录入规则限定，还梳理了多字段之间基于业务逻辑的耦合约束。比如：用户名称应与用户证件的法人名称相符；计量装置综合倍率应等于计量点的电压互感器倍率乘以电流互感器倍率；高压用户运行容量应等于运行状态的受电设备容量之和，而低压用户运行容量应小于一级计费计量点容量之和。

数据同源。 不同于相对简单的单字段约束规则，相互耦合的字段如果数据不一致或者不符合业务逻辑，还需要分析以谁的数据为准，因此提出数据同源规则。以综合倍率为例：互感器的倍率是在互感器建档时录入的，伴随互感器终身，不易被修改维护，可认为互感器倍率是较为可靠的数据源，而综合倍率是通过互感器倍率相乘得到的，受到计量业务逻辑的约束，所以综合倍率的数据源来自互感器倍率。实际应用场景上，如果普查工具发现了耦合校验异常，则应把异常提醒设置在综合倍率字段上，而非互感器倍率。

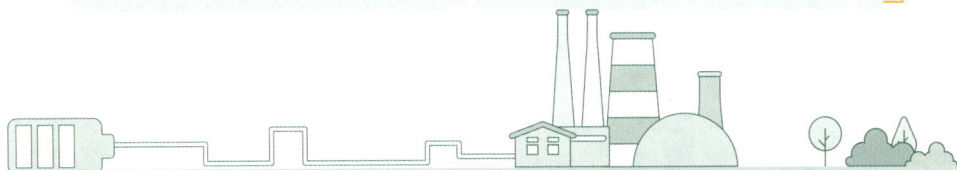

业务逻辑整合。利用各专业已建设的较为完善的数据核验规则库，充分引入数字化营销稽查、计量档案在线稽查、智能抄核收等成熟规则，将原不同专业面向异常主题的稽查规则改造为面向用户全档案字段的普查规则，从跨专业的角度开展多主题全字段普查，适应基层员工当前岗位融合的需要。

（二）外部数据比对应用法

1.定义概要

针对用户行业类别难确定、用户标签难确认问题，通过设置数据匹配模型，借助外部数据（省大数据中心、省税务局等），完善用户档案信息，提高普查质效。

2.方法措施

扩渠道，拓宽外部数据来源。一是通过与省税务局合作，借助税电指数办公室成立契机，打通税电信息共享机制，通过用户营业执照编号，获取用户行业分类、税务开票信息、对公账户信息等用户基本信息，以及小微企业、涉美企业、支柱产业等用户标签信息。二是借助优化营商环境契机，完成与省大数据中心互联互通，获取用户营业执照信息和房产证信息，完善用户法人、产权人地址、联系电话等基本信息。三是与省、市两级政务服务平台建立专线连接，打通营销系统、政务服务平台和电信运营商的信息交互接口，实现身份证、房产证、营业执照、社会信用代码证等9类政务服务信息共享和按需获取。

建模型，优化数据比对模型。根据用户信用代码和用户身份证号作为数据比对准确标识，构建数据关联关系，从外部数据中准确抽取用户基础数据，与营销业务系统用户档案基础信息进行比对，验证一致的，系统自动打上"验真"标志；验证不一致的，推送到营销普查微应用中，优先下达现场普查计划，进行基础信息收集。

合理利用外部软件数据，修正和完善档案信息。利用"天眼查""企查查"等外部软件中的数据，协同分析用电用户信息和资料，辅助修正营销业务系统中的用户档案信息，尤其是针对较小的供电区域，可以进行人工核查和比对，提高数据准确性。

强管控，强化比对结果应用。通过数据比对模型筛查出的用户档案异常，在自有业务管理系统上，生成闭环管控工单，由省营销服务中心基础档案管理相应部门对地市工单完成情况进行督办，提高数据整改效率。

（三）数据治理提升能力法

1.定义概要

发掘数据核心价值，多元化筛查异常数据，制定合理计划严抓现场普查，及时固化普查成果，实现数据筛查、治理过程、整改反馈全闭环管控，提升营销普查数据质量。

2.方法措施

多专业协同，筛查异常数据。建立健全普查数据质量控制方案和标准体系，重点发掘涉及用户核心利益数据的价值。开发应用质量核验工具，多维度自主筛查异常档案数据，精准推送现场普查核验菜单。强化营业、计量、电费、稽查等相关专业协同，开放资源信息共享，建立档案数据对口专业责任制，横向多元化筛查数据异常。

多渠道融合，提升数据质量。一是打破数据壁垒，提升基础信息准确率。依托地方政务平台、公安系统、民政系统、三大运营商、思极地图等第三方数据应用渠道，实现政企基础数据交互，完善用户名称、证件信息、联系信息、用电地址等基础信息。二是因时因地制宜，提升现场普查质效。依托网格化服务、台区负责人制度，结合用户用电类别、用电地址等信息，分类别、分区域制定现场普查方案，实现现场普查工单智能派发，合理规划普查路径，提升普查人员工作效率。

多层级督办，跟踪普查闭环。建立普查待办工单督办机制，按普查完成时限多层级催办，督促普查工作落地。应用地图定位数据，跟踪普查人员普查轨迹，严肃处理短期批量普查现象。优化普查工具应用流畅度，丰富各类资料留存，实现图文音像全方位采录上传，现场普查有迹可循。

全流程管控，完善数据整改。分解审核界面，确定协同分工，现场普查工作结束后，自动触发审批整改流程，并推送至相关专业人员，审批单归档留存。筛查异常档案变更，核心档案自动关联业扩流程，推送整改工单，非核心档案审核后自动变更归档。守牢普查数据质量关，落实专人通报管控，指导基层做好数据治理整改，提升营销普查数据质量。

三、数据质量评价方法

（一）普查质量进度管控法

1.定义概要

在普查工作开展过程中，从质量和进度管控角度出发，制定高效可行的管控措施，加强规范化、系统化管理，落实人员相关责任，应用辅助工具提高普查自动化、智能化水平，强化闭环管控，保障营销普查工作按时、按量、高质量完成。

2.方法措施

建立普查综合看板。根据普查双周报将普查完成情况、档案治理情况、居住区建档完成情况、普查相关工作情况汇合建立普查综合看板，强化"按日排程、双周通报"闭环管理，对进度落后较多的任务进行专项跟踪，保障营销普查工作按时完成，常态跟踪问题整改进度，及时调度展示问题整改成效，实时掌控进度质量。

强化普查规则校验。根据实际普查工作情况，不断优化完善现场普查规则校验。充分利用现场普查工具，在普查信息录入的同时完成录入信息的同步校验。根据普查数据稽查结果，不断完善现场校验规则，减少普查信息填写不齐全、存量用户档案数据不规范等问题，助力普查数据质量的有效提升。

应用RPA辅助工具。充分借助RPA工具辅助普查工作人员处理单一重复工作，如居住区建档信息录入、普查异常处理等，提高数据分析能力，提升普查工作效率。一方面，深入推进营销数据普查。基于普查数据结果，通过RPA工具自动进行普查数据的新增、更新、删除操作，边采集边应用、边应用边治理，利用RPA技术提升大批量数据人工处理的工作效率，持续提升基础数据质量。另一方面，加快推进档案结构化和表单电子化进程。开展居民用户信息批量智能建档，通过RPA工具自动将预先收集的居住区信息填入营销系统中，进行档案建立，极大提升工作效率。

实现质量稽核闭环。对质量稽查全过程实行闭环管理，力求做到应查必查，检查不遗漏一户，差错百分百纠正。在总部质量监控主题基础上，细化普查质量稽核规则，常态化监控普查异常、整改全过程，实现全业务链工作闭环，确保数据完整性、准确性、规范性。

（二）数字普查巡检评价法

1.定义概要

各层级单位在开展营销普查现场检查和整改复查中，利用数字化营销普查评价管控模块对检查出的问题进行统计、分析，生成直观的问题看板，使突出问题、典型问题、个性问题一目了然，减少大量的人工对表格的统计、筛查、分析，为基层管理人员减负。

2.方法措施

发起检查任务。国家电网公司总部人员针对省、市、县公司发起现场检查任务。可以选择总部层面组织现场检查、省级层面组织现场检查、市级层面组织现场检查、县级层面组织现场检查，方便支撑基层供电所（班组建制）的阶段性自查。

录入检查结果。一是总部层面组织专家人员开展对省（自治区、直辖市）、地市、区县及所属供电所的现场检查结果直接录入系统当中。二是省级层面按照总部下发的检查评价任务，提前组织对所属下级单位开展全覆盖检查，在检查任务规定的时间内将检查结果录入系统。三是市级层面按照省公司下发的检查评价任务，提前组织对所属下级单位开展全覆盖检查，在检查任务规定的时间内将检查结果录入系统。四是县级层面按照市公司下发的检查评价任务，组织对所属下级单位开展全覆盖检查，在检查任务规定的时间内将检查结果录入系统。五是供电所层面按照县公司下发的检查评价任务，开展各自区域内各类用户普查自查，在规定的时间内由县级普查专员将供电所自查结果逐个汇总录入系统。

生成问题清单和自查/检查报告。按照规定要求录入问题清单后，可在报告生成界面中维护相关字段信息，提交成功后生成自查/检查问题清单和自查/检查报告。

普查数据看板。一是按照从单位看问题角度展示省、市、县级供电单位的问题数量统计和问题情况分类。二是从问题看单位角度展示某一类问题在各个层级的分布情况。

普查评价功能。按照设定好的评价标准，支持录入系统后按照各层级进行普查评价，辅助各单位完成现场检查评价。

四、数据赋能应用方法

（一）系统账号权限管控法

1.定义概要

围绕越权访问、敏感权限、频繁访问和账号异常4个方面，对长期账号、临时账号、公用账号、关键岗位账号进行线上监测，同时结合14个权限互斥业务场景，完成账号的全面体检。

2.方法措施

> **线上监测防控**。一是越权访问是指用于监测营销系统的相关功能没有分配权限但又能访问到数据的情况。二是敏感权限是通过梳理营销系统权限互斥规则，识别营销系统异常操作中触发权限互斥的事件。三是频繁访问是结合访问频率识别通过系统漏洞非法访问系统的异常信息。四是账号异常监测是对未实名、长期未登录的账号进行筛查。

> **互斥规则明确**。一是在业扩业务方面，同一个账号不能同时具备合同申请权限与合同审批权限，业务受理人员不应有审批人员权限。二是在电费业务方面，同一个账号不能同时有收费权限与对账权限，不能同时有电量电费退补申请权限与电量电费退补审批权限，不能同时有冲正调账缴费委托处理权限与电费实收审批权限，不能同时有催费维护申请权限与催费审批权限，不能同时有收费权限与实收审批人员（区县）权限。三是在用电检查方面，不能同时具备用电检查人员权限与违约窃电电费审批人员（区县）权限。四是在抄表管理方面，同一个账号不能同时有抄表管理实施权限与抄表管理审批权限。

异常闭环处理。异常事件通过安全监控工具以工单形式派发，由各省级供电单位派发到地市级供电单位、地市级供电单位转派到区县级供电单位、区县级供电单位转派至事件主人的三级派发模式。

（二）普查安全点面结合法

1.定义概要

有机结合高压营销普查、转供电费核查、安全用电检查等工作，深挖高压普查、转供电费、安全用电等信息价值，运用并推广安全用电码，形成健康用电数据标签及画像，实现普查信息多维化，提高普查信息完整性。

2.方法措施

制定安全用电码规则。根据各单位实际情况，梳理安全用电检查项，依据重要性程度，设置各检查项分值，确定红、黄、绿码分值区间，构建安全用电信息表。

建立关联关系。基于现场普查工具，关联高压普查信息表和安全用电信息表，明确可结合现场普查开展的安全用电检查内容（供电电源配置、自备应急电源等）。

开展现场检查。利用移动应用一次性完成现场普查与安全检查，落实安全"四个管住"，录入检查情况，生成安全用电码。

提取特征进行画像。运用数据挖掘技术对安全用电信息进行特征提取，按照重要程度、风险类型区分安全用电码颜色和字体大小，进行用户画像。

> **开展分级治理。** 根据用户画像特征权重进行分级治理，优先对供电电源配置类、自备应急电源类等信息全面普查，关键问题制定针对性措施，高危问题报备政府联动治理。

（三）普查知识体系分类法

1.定义概要

将营销普查和规范工作开展过程中的常识性、经验性、规范性、实践性等知识内容进行总结，围绕营销普查知识成果体系，将问题治理经验库、普查制度规则库、数据应用案例库三类知识体系，同时登记组建普查队伍人才库的人才体系，并将其应用于日常营销基础工作管理，推进普查质量提升的同时，带动营销基础服务水平全面提升。

2.方法措施

> **运用"普查制度规则库"，堵塞漏洞规避风险。** 结合各类检查、营销普查发现高发频发问题，从制度和流程查找本单位管理漏洞，从组织体系建设、普查方式方法、问题整改、质量要求、安全管控等方面，建立普查专项制度规则；从业扩、电价电费、计量采集、用电检查等专业，建立业务制度规则库。通过建立并运用规则知识体系，规避普查进度不可控、操作流程不规范等风险，加强业务制度流程源头管控，优化制度流程规范，补齐制度和流程上的漏洞，从而降低营销普查基础工作中的风险。

运用"数据应用案例库"，提升档案数据质量。具备条件的省公司，可以依托国网大数据中心及国网电商公司数据，完善地方政务平台、公安系统、民政系统、三大运营商等第三方数据应用渠道，同步开展网上国网、微信、支付宝、营配贯通等数据应用，针对用户名称、证件信息、联系信息、用户行业类别、用电地址、供电设备信息等内容主动开展普查数据快速核验，通过将各类数据嵌入普查工具及营销系统，重点提升用户档案核查效率，实现第三方数据补全更新用户基础档案，提升档案数据质量。

运用"问题治理经验库"，提升问题治理成效。将营销普查工作开展过程中发现的现场问题、典型问题、共性问题、高频高发问题进行总结，追溯问题产生原因，确定管控方法，从问题源头进行精准治理，形成问题治理知识体系。通过将问题治理知识体系在省、市、县级供电单位及所属供电所进行推广，依据各级普查工作实际，现场营销普查人员可依托知识库经验，快速查明问题原因，对现场问题进行追根溯源，定位解决方法；同时可以针对问题类别进行专项治理，精准解决存量问题，控制增量问题，加快问题整改，提升问题治理成效。

组建"普查队伍人才库"，储备了解营销业务和普查工作的相关人才。遴选营业管理、营销稽查、市场管理、用电检查、电费核算、用电采集等专业人员，组建营销普查队伍人才库，是营销普查工作的重要力量，借助普查专家的专业知识，推进普查工作质量进度提升；指导现场普查人员更好地开展普查工作，积极传授先进经验，加强专业培训；参与现场检查工作，促进问题整改及闭环管控；参与普查工作各类成果撰写、审核和修改工作，推动普查成果固化，通过营销普查工作发掘各单位基层营销管理和现场专业人才，提升基层管理水平。

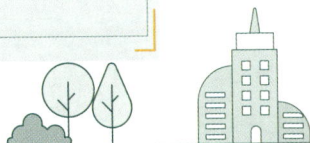

第二章

营销普查工具

普查工具建设采用"总部设计、牵头建设、分步实施"的方式开展，基于能源互联网营销服务系统（简称营销2.0系统）主数据模型，在网上国网、i国网和移动作业终端中开发部署营销普查移动作业应用，营销业务应用系统中制定普查计划，生成普查工单推送至普查工具，现场工作人员收到工单后对用户信息、营配基础档案等营销信息进行现场核查，核查后将工单反馈至营销业务应用系统，经审核通过进行数据归档。构建系统体检智能化、核查治理自动化、普查进度可视化的智能闭环普查工作体系，以数字化手段助力提升营销普查质量和效率。

一、网上国网普查工具应用

（一）流程展示

网上国网普查工具应用流程图如图2-1所示。

图2-1　网上国网普查工具应用流程图

（二）过程表述

第一步：营销普查计划管理

1.菜单位置

营销业务应用系统—业扩报装—业务辅助—营销普查计划管理。

2.功能介绍

营销普查计划制定完成后，可新增、删除、修改、查看普查计划明细，查看变更记录，如图2-2所示。

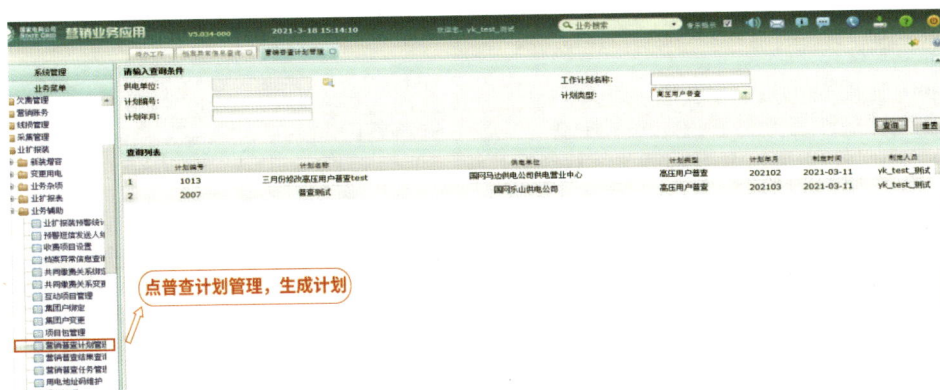

图2-2　普查工单计划展示图（一）

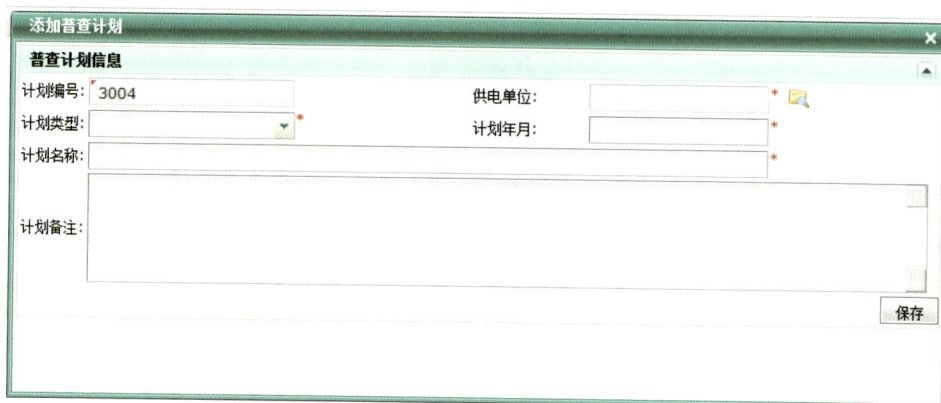

图2-2 普查工单计划展示图（二）

第二步：营销普查任务管理

1.菜单位置

营销业务应用系统—业扩报装—业务辅助—营销普查任务管理。

2.功能介绍

通过生成任务并派工功能，完成普查工单生成及派工，如图2-3所示。业务菜单功能包含任务制定及任务派发、现场普查、班长审批等。

图2-3 普查任务生成展示图（一）

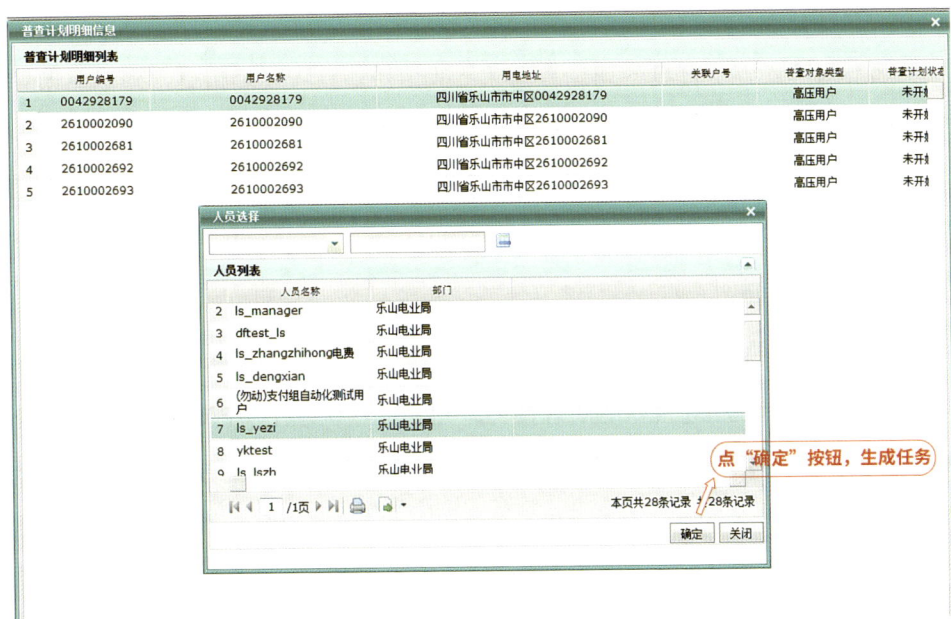

图2-3　普查任务生成展示图（二）

第三步：现场普查

1.菜单位置

网上国网—业扩报装—业务辅助—营销普查任务管理。登录网上国网App并完成员工信息验证后，通过现场帮页面中的营销普查进入普查功能界面，如图2-4所示。

图2-4　现场普查展示图

2.功能介绍

网上国网普查工具具备现场查询和修改用户信息、现场信息、现场典型异常检查、市场能效调研、充换电设施信息、普查图片信息、普查治理信息、普查用户基础信息、普查用户标签信息、普查增值税信息、普查证件信息、普查联系信息、普查银行账号信息、普查关联户信息、普查合同账号信息、普查合同账户费用协议信息等。

3.操作介绍

点击各统计卡片进入相应的普查工单列表，默认以工单时间倒序排列。确认后点击"生成工单"，生成成功后展示普查工单信息，如图2-5所示。

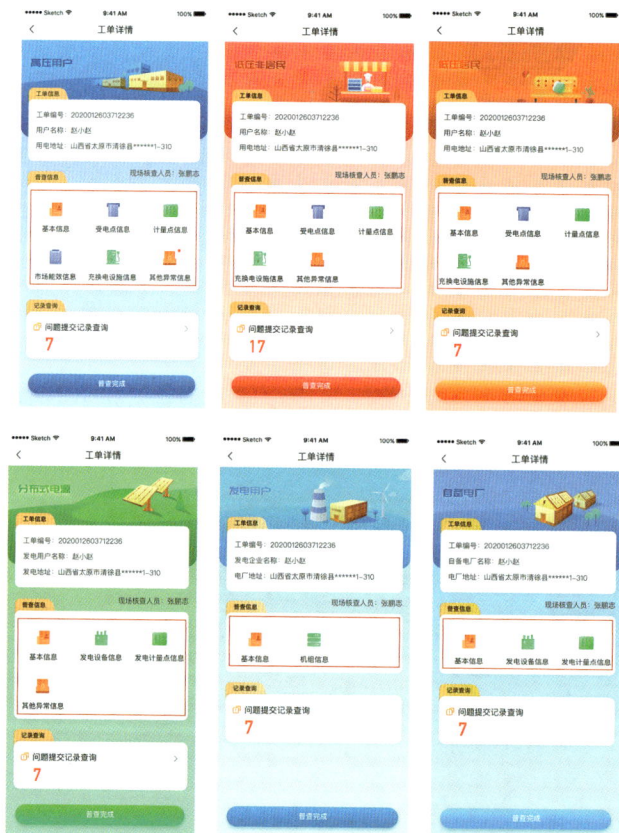

图2-5 普查工单详细信息展示图

点击普查工单列表页中某一条工单信息，可查看普查工单详细信息，普查模块未完成提交采用红点标识。当每类用户，例如高压用户完成各普查项包括基本信息、受电点信息、计量点信息、市场能效信息、充换电设施信息、其他异常信息；低压非居民用户完成基本信息、受电点信息、计量点信息、充换电设施信息、其他异常信息，在所有普查模块完成后"普查完成"按钮高亮显示，才可提交，如图2-6所示。

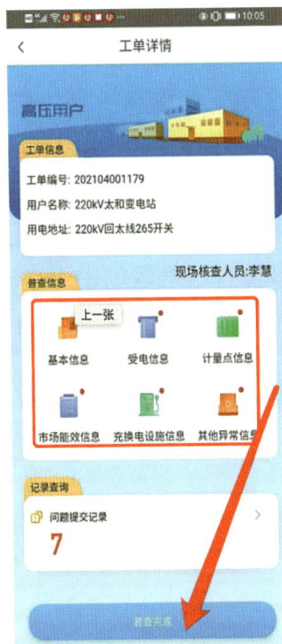

图2-6 普查工单完成展示图

第四步：班长审批

1.菜单位置

营销业务应用系统—代办工作项—班长审批。

2.功能介绍

普查结果数据中用户标签（一般数据）发生变更，触发一级（班长）审批，如图2-7所示，审批通过后直接同步更新档案。

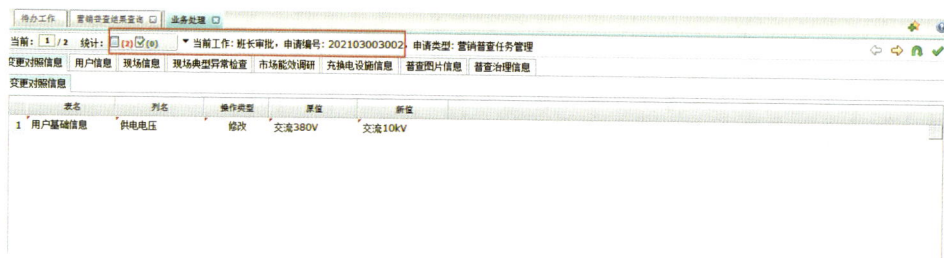

图2-7　班长审批展示图

3.操作介绍

进入档案更新页面显示变更对照信息、用户信息、现场信息、现场典型异常检查、市场能效调研、充换电设施信息、普查图片信息、普查治理信息等。

4.操作介绍

点击"推进"按钮，如果普查结果数据中用户标签（一般数据）发生变更，审批通过后直接同步更新档案；如果电压等级（重要数据）发生变更，触发一级（班长）审批，审批通过后，触发二级（科长）审批，如图2-8所示。

第五步：科长审批

1.菜单位置

营销业务应用系统—代办工作项—科长审批。

2.功能介绍

普查结果数据中电压等级（重要数据）发生变更，触发一级（班长）审批，一级审批通过后，触发二级（科长）审批，二级审批通过后直接同步更新档案，如图2-8所示。

图2-8　科长审批展示图

3.操作介绍

进入科长审批页面显示变更对照信息、用户信息、现场信息、现场典型异常检查、市场能效调研、充换电设施信息、普查图片信息、普查治理信息等。点击"推进"按钮，到审核页面，选择"审核结果"，填写"审核意见"。

点击"推进"按钮，如果普查结果数据中电压等级（重要数据）发生变更，触发一级（班长）审批，二级（科长）审批，审批通过后直接同步更新档案。如果合同容量（核心数据）发生变更，触发一级（班长）审批，二级（科长）审批，审批通过后触发三级（县公司领导）审批。

第六步：分管副总审批

1.菜单位置

营销业务应用系统—代办工作项—分管副总审批。

2.功能介绍

普查结果数据中合同容量（核心数据）发生变更，触发一级（班长）审批，二级（科长）审批，三级（县公司领导）审批，如图2-9所示，全部审批通过后直接同步更新档案。

图2-9　分管副总审批展示图

3.操作介绍

点击"推进"按钮，进入审核页面，选择"审核结果"，填写"审核意见"。点击"推进"按钮，提交流程归档。

第七步：营销普查结果查询

1.菜单位置

业扩报装—业务辅助—营销普查结果查询。

2.功能介绍

根据供电单位、台区、用户编号、用户名称、用电地址查询档案普查维护信息。

3.操作介绍

选择供电单位、普查对象类型、普查年月，输入用户编号、工单编号、用户名称，点击"查询"按钮找到满足条件的信息。

二、i国网普查工具应用 ■

（一）流程展示

打开i国网普查工具应用，进入登录页面，输入i国网账号密码登录，进入首页任务中心，展示已完成、待处理、代签收等任务，选择待处理任务进行普查，查看普查内容，选择普查主题开始普查，对普查结果进行验证，直至完成普查任务，如图2-10所示。

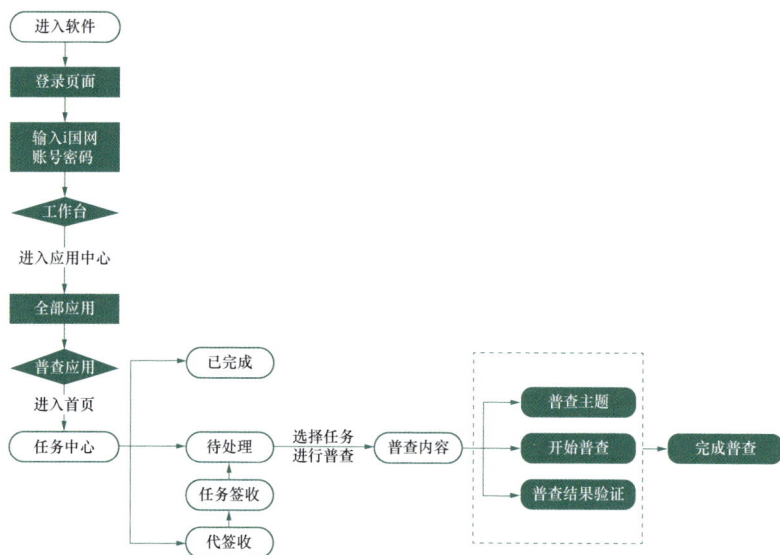

图2-10　i国网普查工具应用流程图

（二）过程表述

1.开始普查

普查内容如图2-11所示，包含用电地址、用户分类、系统筛选出的异常字段数量、普查主题、普查项等。为保障普查质量，工具内置校验规则，点击"下一页"可进行不同主题普查。

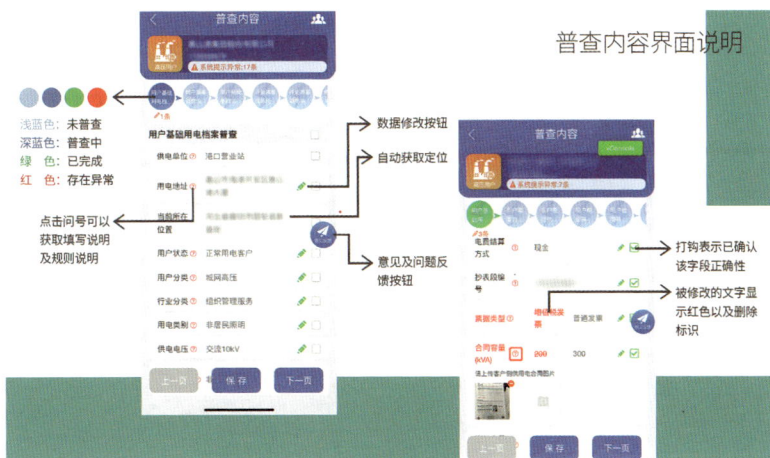

图2-11 普查内容展示——开始普查

进入首页后点击"任务中心"，进入任务中心详情页面，展示普查任务列表，任选一任务进入用户列表首页。点击"签收"按钮，对任务进行签收，签收后的任务自动进入"待处理"列表，如图2-12所示。

图2-12 普查内客展示——首页

进入"待处理"列表，选择进入的任务，展示普查任务列表，如图2-13所示。

图2-13　普查内容展示——待处理

2.普查结果验证

对于不合规的普查项，在切换下一主题时，将提示相关校验信息，根据普查规则校验的提示，结合实际普查结果，修改相关普查项内容，直到规则校验通过为止，否则将不能上传任务，如图2-14所示。

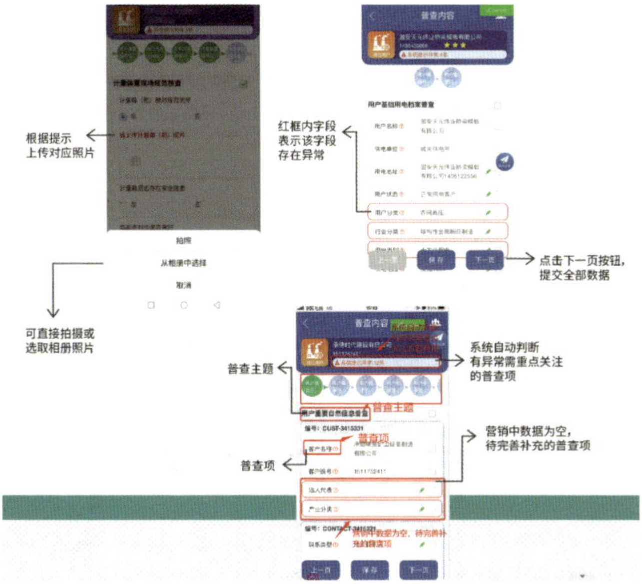

图2-14 普查内容展示——普查结果验证

完成全部普查后，任务执行人对现场普查情况进行签字确认，并将该用户现场普查结果反馈至支撑平台，如图2-15所示。

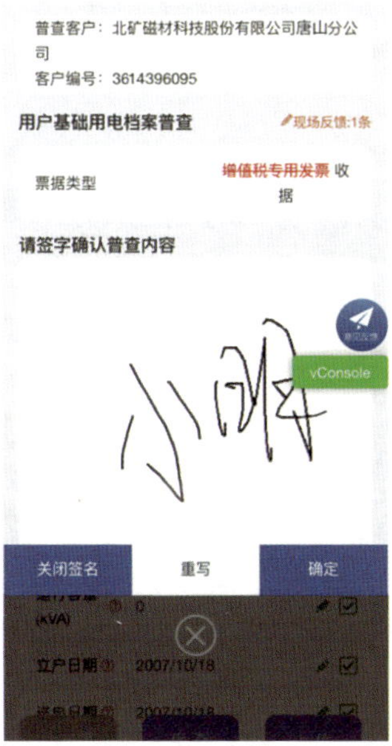

图2-15 普查内容展示——签字确认

3.网上国网推广

普查任务完成后，会自动弹框提醒是否需要进行网上国网推广。若点击"立即推广"，会弹框出现二维码，以便用户扫描，首个任务需先上传个人网上国网二维码，如图2-16所示。

图2-16　普查内容展示——网上国网推广

三、移动作业终端普查工具应用

（一）开始

在"待处理"界面点开工单后，进入现场普查界面，其中"充换电设施"和"市场能效"是在用户有充换电设施或者符合市场能效调查要求时点开采集信息，"异常补录"是用户存在其他异常问题时点开采集信息，如图2-17所示。

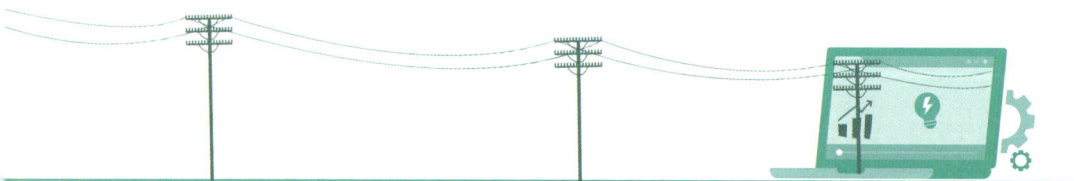

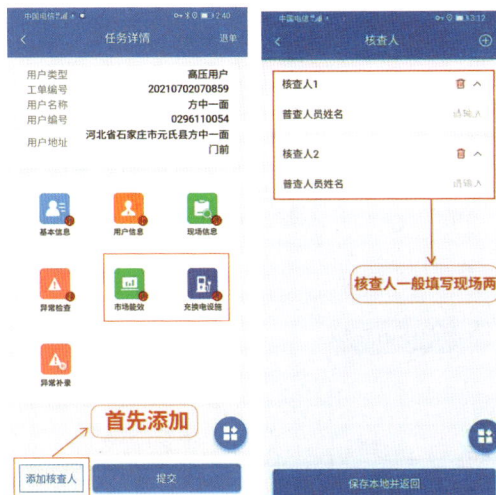

图2-17　i国网普查任务工单展示图

（二）基本信息

在基本信息页面，输入用户编号、电表编号查阅用户基础档案信息，如图2-18所示。

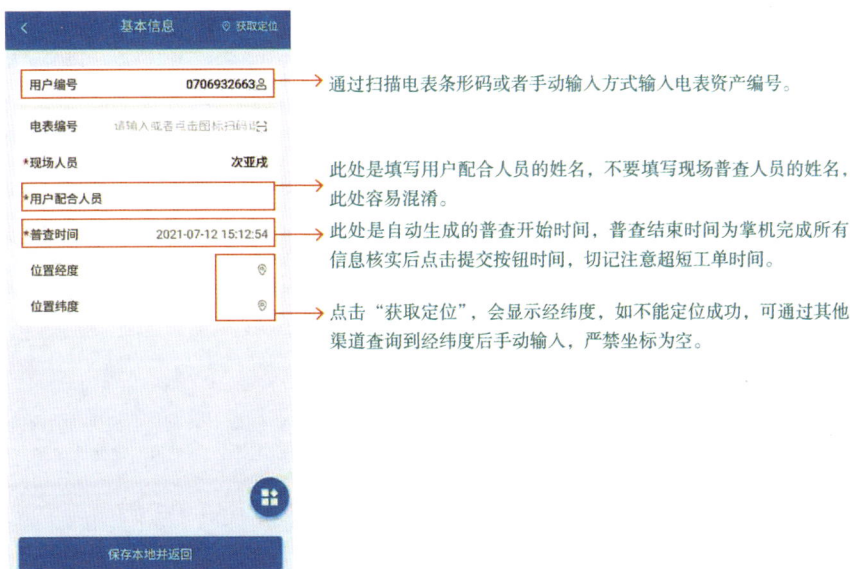

图2-18　i国网普查用户查询展示图

（三）用户信息

1.基本信息

基本信息包括用户名称、运行容量、合同容量、用电地址、城乡标志、电压等级、行业分类、市场化属性分类、重要性等级、用电类别、标签信息等，如图2-19所示。

图2-19　i国网普查用户基础档案信息展示图

2.增值税信息

增值税信息包括增值税名称、增值税编号、增值税税号、增值税电话、注册地址等，如图2-20所示。

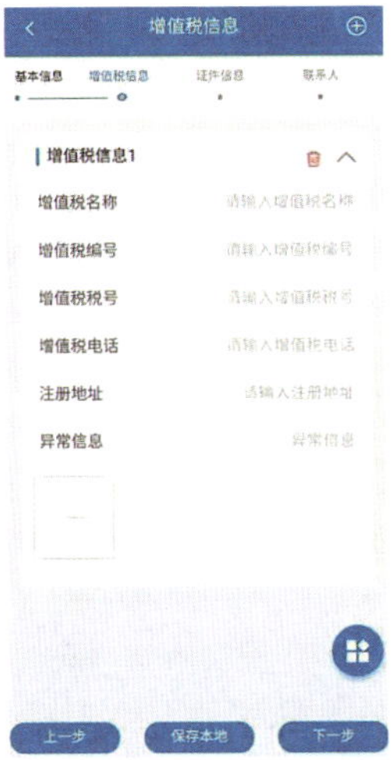

按照客户实际情况填写。此处不是必填项，没有信息就不用新增。如果有信息，要求增值税名称与用户名称应一致，各项信息要真实规范。

图2-20 i国网普查用户增值税信息展示图

3.证件信息

证件信息包括证件类型、证件号码、证件名称等，如图2-21所示。

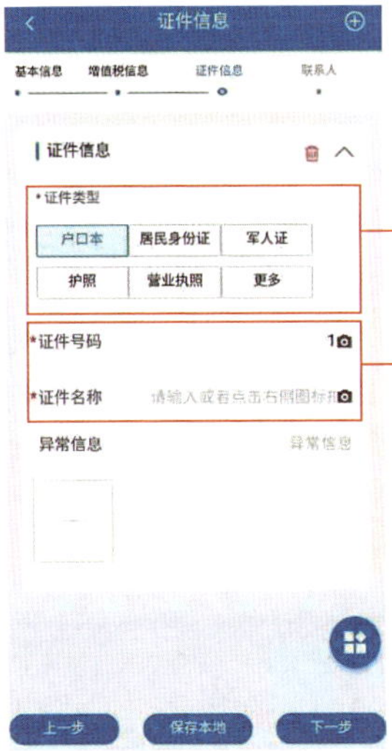

按照实际填写，一般选择居民身份证或者营业执照，此处修改可直接更新。

证件号码应真实规范，身份证号码应为18位，证件名称要与用户名称一致，注意这里不是填写"身份证"3个字，是填写用户证件姓名，此处修改可直接更新。

图2-21 i国网普查用户证件信息展示图

4.联系人信息

联系人信息包括联系人、联系电话、联系类型等，如图 2-22 所示。

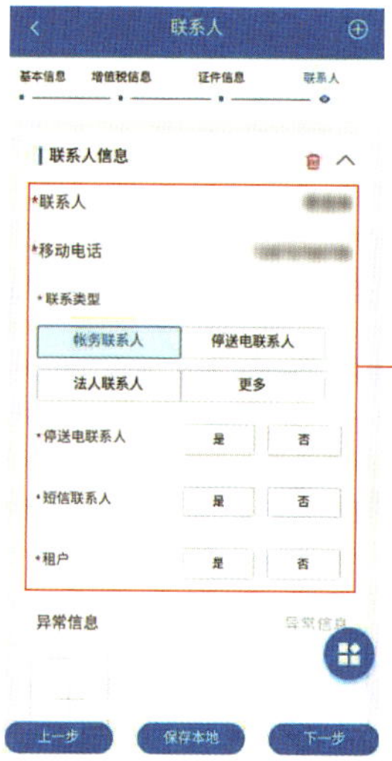

选项按照实际填写，电话要真实规范，应填移动电话号码，符合移动、联通、电信公司手机号段。

联系人名称应为自然人名称，不要有数字、字母、特殊字符等。

此处修改可直接更新。

图2-22　i国网普查用户联系信息展示图

5.交费信息

交费信息包括交费账号、用电编号、关联类型等，如图 2-23 所示。

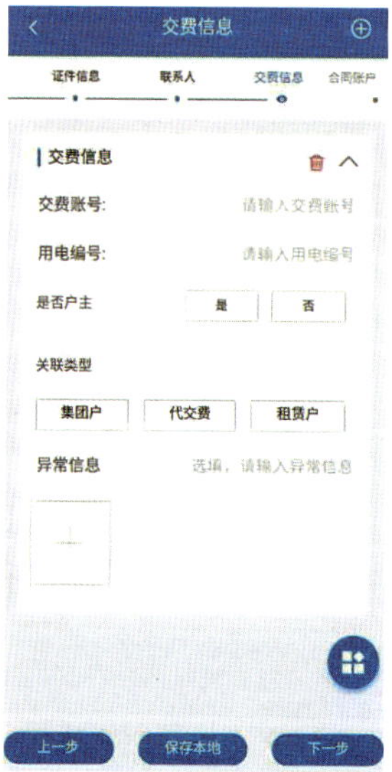

按照客户实际情况填写。此处也不是必填项，没有信息不用新增。如果有信息，要求各项信息要真实规范。

图2-23　i国网普查用户交费信息展示图

6.合同账户

合同账户包括开票方式、费用通知方式、票据类型等，如图2-24所示。

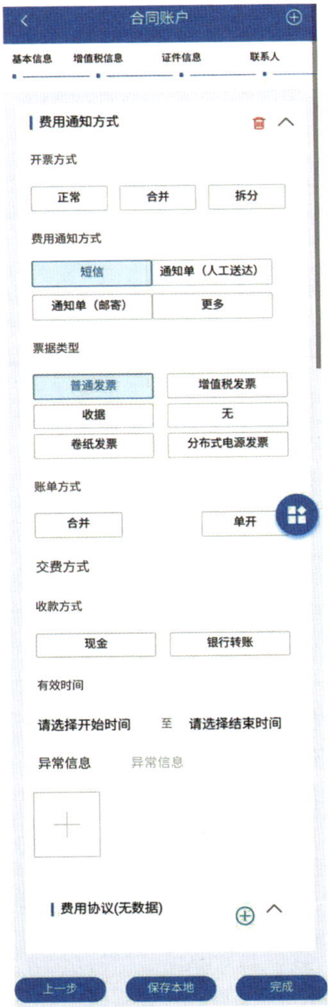

此处各选项修改均可以直接更新，按照实际填写。

图2-24 i国网普查用户合同账户信息展示图

（四）现场信息

1.受电信息

受电信息包括受电点类型、电源数目、定价策略类型等，如图2-25所示。

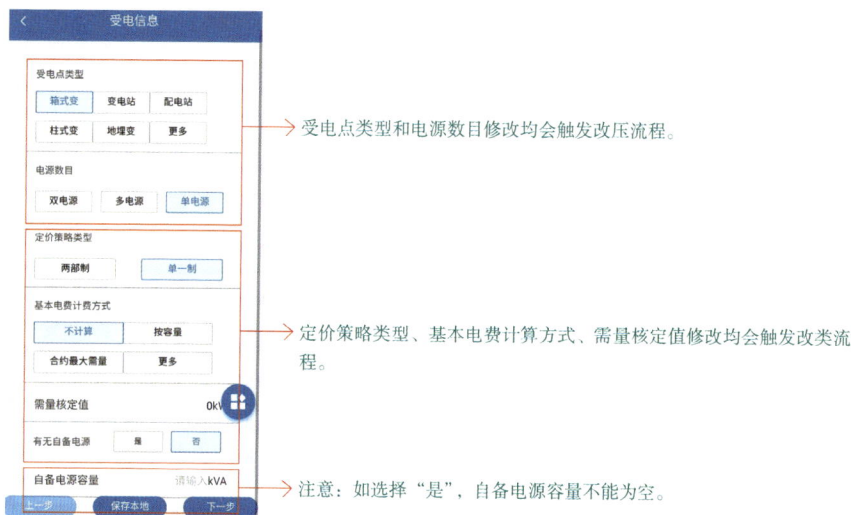

图2-25　i国网普查用户受电信息展示图

2.继电保护

继电保护包括继电保护类型、保护装置是否正常等，如图2-26所示。

图2-26　i国网普查用户继电保护信息展示图

3.低压脱扣

低压脱扣包括是否配置低压脱扣、保护延时整定值等，如图2-27所示。

注意：低压脱扣不能为空，可直接更新。

注意："是否配置低压脱扣"选择"是"，"低压脱扣装置"和"保护延时整定值"不能为空，按照实际填写；"是否配置低压脱扣"选择"否"，不要填写"低压脱扣装置"和"保护延时整定值"。

注意："用电负荷是否自带低压脱扣保护"选择"是"，"用电负荷自带低压脱扣延时整定值"不能为空，按照实际填写；"用电负荷是否自带低压脱扣保护"选择"否"，不要填写"用电负荷自带低压脱延时整定值"。

图2-27　i国网普查用户低压脱扣信息展示图

4.供电电源

供电电源信息包括电源性质、容量、变电站、线路、台区等，如图2-28所示。

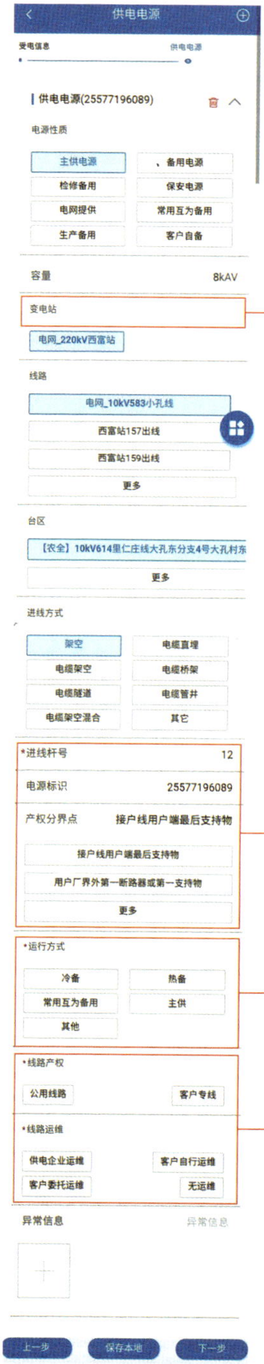

注意：电源性质、容量、变电站、线路、台区、进线杆号、产权分界点、运行方式、线路产权、线路运维不能为空。
此页的电源性质、容量、变电站、线路、台区、进线方式修改均会触发改压流程。

注意：此页的进线杆号、产权分界点修改均会触发改压流程。

注意：运行方式修改会触发改压流程。

营销业务应用系统此处数据是空白，这是石家庄地区的共性问题，一旦选择就要触发改压流程，已向省公司申请将此处改为可直接更新。

线路产权和线路运维可直接更新。

图2-28　i国网普查用户供电电源信息展示图

5.受电设备

受电设备包括名称、铭牌容量、设备型号等，如图2-29所示。

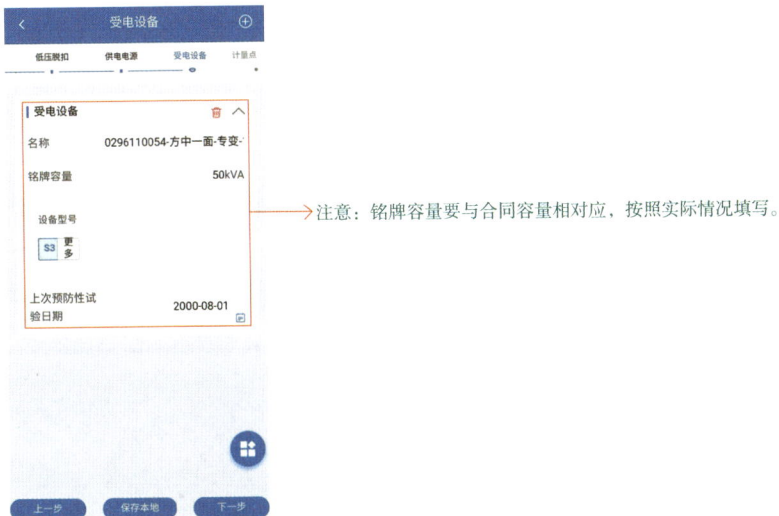

注意：铭牌容量要与合同容量相对应，按照实际情况填写。

图2-29　i国网普查用户受电设备信息展示图

6.计量点

计量点包括计量点编号、定比定量值、有功线损计算值等，如图2-30所示。

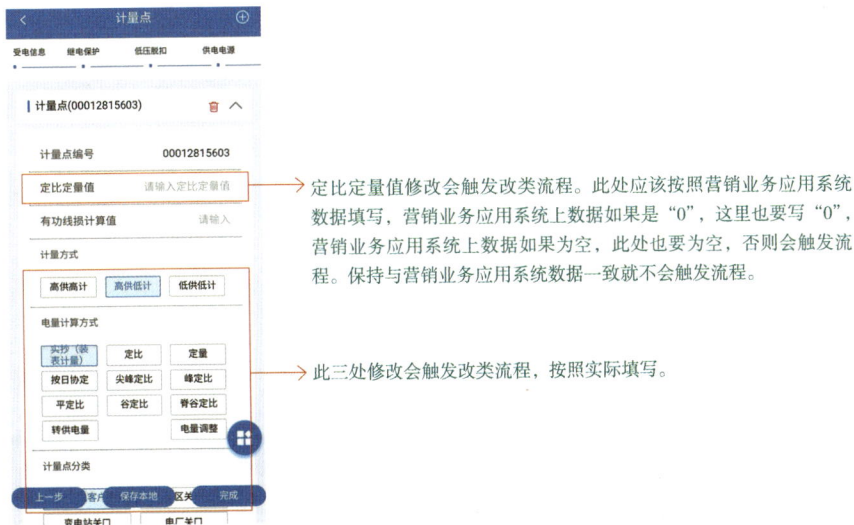

定比定量值修改会触发改类流程。此处应该按照营销业务应用系统数据填写，营销业务应用系统上数据如果是"0"，这里也要写"0"，营销业务应用系统上数据如果为空，此处也要为空，否则会触发流程。保持与营销业务应用系统数据一致就不会触发流程。

此三处修改会触发改类流程，按照实际填写。

图2-30　i国网普查用户计量点信息展示图（一）

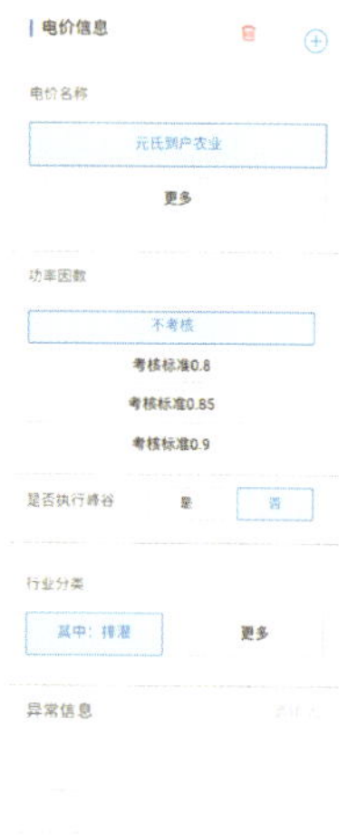

→此页修改均会触发改类流程。

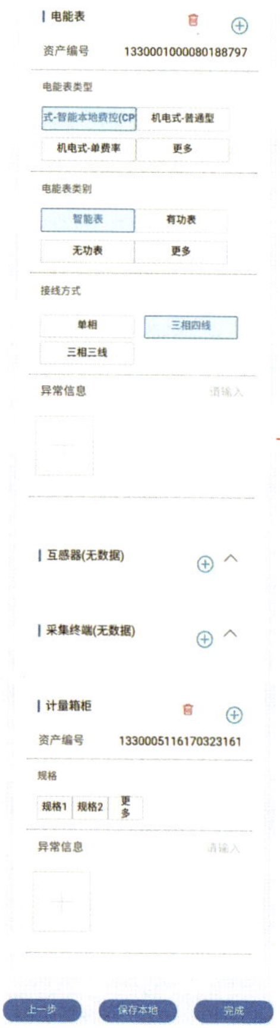

→按照实际填写。

图2-30 i国网普查用户计量点信息展示图（二）

第三章

线上普查辅助数据治理

用户名称、四级地址、联系方式、证件信息作为居民用户基础档案信息中的重要字段，是停电信息推送、故障主动抢修、电费通知、余额提醒等服务落地的基础。现阶段，居民用户数据量大，治理难度高，普查过程中，应坚持线上普查为主，现场抽查异常为辅，抓实基础档案核查治理，高质高效推进普查工作。

居民线上普查通过数据核查工具初步核查全量居民用户基础档案数据，精准定位异常数据与异常信息，摸清数据质量现状；有的放矢，针对性开展问题核查，异常数据按照渠道分至网上国网或95598，异常信息通过普查工单直派至市、县级供电单位处理，协同全渠道各专业提升数据质量，深入治理数据问题，抽查跟踪普查质量，如图3-1所示。

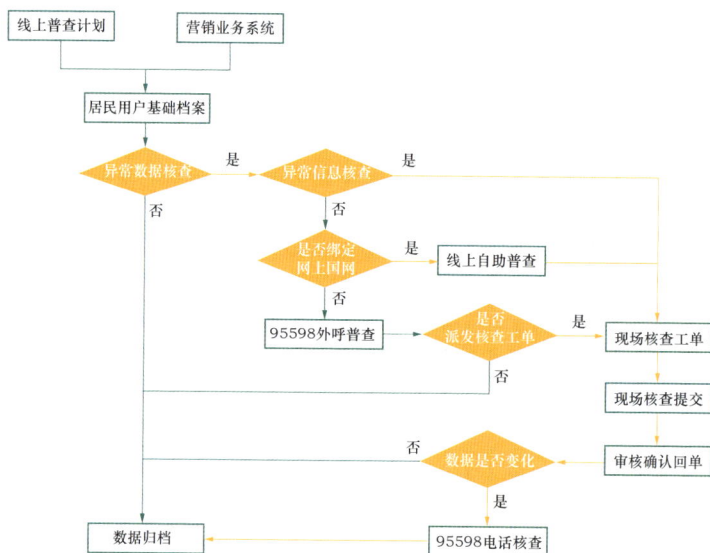

图3-1　线上普查总流程

按照线上普查工作任务从各省公司营销业务系统档案数据中筛选出低压居民用户；结合营销数据质量标准，核查低压居民用户全量档案数据，校核居民客户户名、地址、联系方式、证件信息4个字段是否为异常数据。根据档案户号在网上国网进行户主认证，核实用户联系方式是否符合运营商规则，以及绑定网上国网情况，异常数据直派普查工单，或分至网上国网或95598普查。

异常数据按照渠道分至网上国网或95598。一是联系方式异常但有网上国网户主认证的用户档案（户名和身份证号的实名制信息相匹配且地址正确），通过网上国网渠道普查工单自动派发至市、县级供电单位处理。二是应用网上国网平台开展线上普查，信息定向推送至用户，普查人员应用网上国网App，指导用户在线核对档案信息，生成线上用户自助普查工单。三是95598外呼核查居民用户户名、四级地址、联系方式、证件等信息，应用营配校核流程派发普查工单。

普查人员按照普查工作要求，接单并核实用户基础档案信息是否有问题，修正后回单。95598开展回单信息复核，对于存在问题的，发起95598电话核查流程。

一、异常档案筛查

通过数据核查工具初步核查全量居民用户基础档案数据，精准定位异常数据与异常信息，摸清数据质量现状，针对性开展问题核查，异常数据按照渠道分至网上国网或95598。

1.数据核查规则

居民用户基础档案信息中用户户名、四级地址、联系方式、证件信息核查规则如下。

（1）用户名。将居民用户名非自然人且长期零电量的档案信息剔除后，若用户名仍为空，或者用户名为开发商名称、物业名称（含开发商、物业等字段）等。

（2）用电地址。用电地址为空或开发商、物业地址（含房地产、物业等字段）或缺少四级地址中任意一项。

（3）联系方式。联系方式为空或不符合电信运营商号码规则或出现次数超过500次。

（4）证件信息。证件信息为空或不符合身份证命名规则或出现次数超过500次。

2.数据核查工具

根据数据核查规则、核查流程、核查周期需求，开展数据核查工具建设，定期自动对全网低压居民用户档案数据筛选、核查。

3.数据核查实施

基于国网客服中心用户服务数据平台，利用核查工具开展数据核查。

（1）确定数据范围。结合普查进度要求和建设资源情况，数据核查范围为全国低压居民用户档案信息，按照本年度普查目标，筛选出低压居民档案数据，作为本次普查对象。

（2）数据清洗。对于各省公司低压居民用户档案信息中的用户编号重复的用户信息，选取建档时间最新的记录，去除冗余数据。

（3）**数据核查**。根据用户名、四级地址、联系方式、证件信息校核规则，利用数据校核工具对数据进行合规性核对，筛选出数据质量异常的用户档案。

（4）**数据分类**。通过电话号码初步判断出分别应给95598、网上国网、各省公司的数据集。电话号码不合规且未被网上国网账号绑定的用户信息，通过工单下派至省公司；电话号码合规的用户档案，判断是否为网上国网注册用户，将未注册网上国网用户的用户档案发送至95598，将网上国网注册用户发给网上国网；用户编号在网上国网进行过户主认证的用户档案，发给网上国网。

二、网上国网在线核查

通过向目标用户推送自助普查工具，实现网上国网用户在线自助核对信息，并下发普查工单至省公司。

1.网上国网核查流程

（1）**异常数据接收**。网上国网每月接收数据核查工具筛查的异常数据，并将档案分为A、B、C三类，A类为手机号正确且在网上国网已注册的档案；B类为该档案中户号被网上国网任意账号绑定；C类为该档案户号在网上国网已完成户主认证，同时标识出对应的用户ID，进行二次稽核，通过网上国网数据共享平台将数据调度至用户中心内网数据库。

（2）**引流渠道**。通过网上国网App消息推送、站内信、"我的"页Banner入口常态展示等方式，向目标用户推送档案校核工具，引导用户进行档案信息完善。

（3）**线上校核**。针对A、B类用户，先进行用户身份验证，再进行其他信息完善；C类用户无须身份验证，可直接通过此工具进行档案信息完善。用户完成档案校核后，通过网上国网系统与省公司营销业务应用系统将线上普查工单流程流转至省公司，由省公司直接更新档案信息，并在网上国网生成相关标签。

（4）**未校核档案**。若多次推送给用户，且客户3个月未使用档案校核工具，属于普查失败，生成相应标签。

2.户主认证类自动更新档案

户主认证类数据包括：手机号合规且注册网上国网并进行户主认证的用户数据；手机号不合规但是户号做过户主认证的用户数据。网上国网将从省公司营销档案中获取该类用户的户名及用电地址，用户在网上国网注册的手机号及认证的身份证号自动下发至各省公司。

3.实名认证类自动推送工单

实名认证类数据包括：手机号、地址均合规，未进行户主认证但实名认证过的用户数据。网上国网将从省公司营销档案中获取该类用户的户名及用电地址，用户在网上国网注册的手机号及认证的身份证号自动下发至各省公司。

4.联系方式异常自动推送工单

当用户档案既未注册网上国网，联系方式又不符合手机号规则，也无法核实办公电话、家庭电话等，会归为联系方式异常工单，自动派发到各省公司进行核实。

5.用户自助普查任务工单

根据居民基础档案中手机号向网上国网用户推送自助普查任务，引导用户自助完成档案信息修正，并将用户补充的信息派发工单至各省公司进行审核，确保档案数据的完整性、有效性和准确性，以便为广大电力用户提供更精准的服务。

在筛查居民异常档案时，抽取规则注意同一手机号下有多条任务信息的判断。在极端情况下，如新建小区，可能有上千户电能表留有同一人的联系方式，此种情况在数据筛选时，极有可能同一用户存在任务太多，导致App任务界面刷新不出来，体验较差，存在投诉风险。

三、95598电话核查

按月分解核查工作量，通过95598外呼核查用户户名、四级地址、联系方式、证件等信息，同时在业务受理、回访时开展用户信息校核和标记，异常数据应用营配校核流程派发普查工单。

（一）主动外呼普查

对数据核查工具生成的95598渠道异常数据清单，由95598智能语音机器人或客服专员主动外呼，经与用户核对，确认信息异常的，派发营销基础信息校核工单至市、县级供电单位业务部门处理，同时引导用户到网上国网更新信息。

（二）业务受理及回访过程的普查

在95598电话业务受理、回访过程中，客服专员对已明确户主的营销基础档案信息进行核对，比对用户户名、四级地址、联系方式、证件等信息，对于信息异常的直接派发营销基础信息校核工单至市、县级供电单位业务部门处理，同时引导用户到网上国网更新信息。

1. 场景1——用户主动申请营销普查

（1）**业务场景**。用户致电95598，询问修改用户名称、用电地址、联系电话信息等问题。

（2）**处置方法**。采集用户信息，20分钟内派发营销基础档案信息校核工单至地市、县级供电单位业务部门处理。

（3）**问询话术**。"请问您是户主吗？"若用户表示其为户主，继续询问"请您提供一下户主姓名、联系电话，我帮您联系工作人员进行修改。"

2. 场景2——业务受理中发现用户信息缺失或错误

（1）**业务场景**。用户致电95598咨询用电问题，客服专员在业务受理中发现用户档案信息缺失或错误。

（2）处置方法。采集用户信息，20分钟内派发营销基础档案信息校核工单至市、县级供电单位业务部门。

（3）问询话术。"发现您户号中的档案信息缺失/错误，请问您是户主吗？"若用户表示其为户主，继续询问"您户号中的×××信息有误/缺失，请问您需不需要修改/补充呢？"若用户表示需要，则继续询问，"请您提供一下×××信息，我帮您联系工作人员进行修改。"

3.场景3——回访中发现的用户信息缺失或错误

（1）业务场景。客服专员在对用户前期反映用电问题进行回访时，发现用户档案信息缺失或错误。

（2）处置方法。采集用户信息，20分钟内派发营销基础档案信息校核工单至地市供电指挥中心。

（3）问询话术。"发现您户号中的档案信息缺失/错误，请问您是户主吗？"若用户表示其为户主，继续询问"您户号中的×××信息有误/缺失，请问您需不需要修改/补充呢？"若用户表示需要，则继续询问，"请您提供一下×××信息，我帮您联系工作人员进行修改。"

四、工单处理办结

（一）工单分理

线上普查工单通过网上国网或95598派发到省、市、县级供电单位业务部门处理。一是联系方式异常但有网上国网户主认证用户档案（户名和身份证号的实名制信息匹配上且地址正确），通过网上国网渠道普查工单自动派发至市、县级供电单位处理。二是普查人员应用网上国网App，指导用户查看网上国网的普查信息，在线核对档案信息，生成自助普查工单。三是95598外呼核查居民用户户名、四级地址、联系方式、证件等信息，应用营配校核流程派发普查工单。

其中，网上国网自助普查包含两部分：自动派单至各省公司、居民自助普查。

1.自动派单至各省公司

（1）**工单类型01。**用户已在网上国网完成户主认证，该过程已完成对用户产权信息的人工审核，其户名、地址、身份证号码、手机号具有很高的采信度，可以不发起人工核查流程，直接采纳。

（2）**工单类型0201。**用户已在网上国网完成实名认证，该过程已通过公安系统完成对用户身份证姓名、号码的自动认证，且身份证姓名与户名一致，户主、户名、身份证号码、手机号具有较高采信度。建议发起人工核查流程，核查地址是否正确。

（3）**工单类型0204。**用户档案信息中疑似联系信息有误，95598电话及网上国网无法触及，建议发起人工核查流程，核查户名、地址、证件信息、联系方式是否正确。

2.用户自助普查

（1）**工单类型0202。**用户在网上国网完成普查信息填写或选择"信息无误"提交工单，当前身份信息与户主一致，户名、身份证号码具有较高采信度。需发起人工核查流程，仅核查手机号、地址是否正确。

（2）**工单类型0203。**用户在网上国网选择"不是我的户号"，户号信息与用户本人不匹配，需发起人工核查流程，核查户名、地址、身份证号码、手机号是否正确。

（二）网上国网的工单处理

1.引导用户开展自助普查操作说明

进入住宅首页活动专区"网上国网普查有礼活动"或"我的"页广告位"完善信息档案，助力服务提升"，如图3-2所示。

图3-2　自动普查入口展示图

2.自助普查户号列表

进入自助普查页面时，系统判断当前手机号是否有核查任务，如无核查任务，则提示暂无任务，不需核查。如有任务，提示待核查户号数量，展示户号列表。用户可根据实际情况处理。如已全部完成核查，提示"您的全部户号已完善"，如图3-3所示。

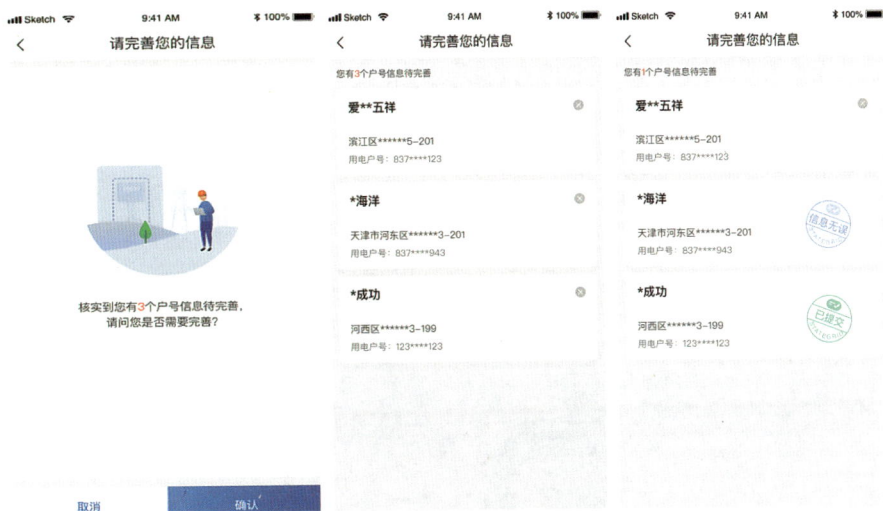

图3-3　自动普查户号列表展示图

3.户号删除

如户号列表中，存在不属于用户的户号，用户可通过点击"×"，或通过档案信息完善页面点击"不是我的户号"删除，如图3-4所示。

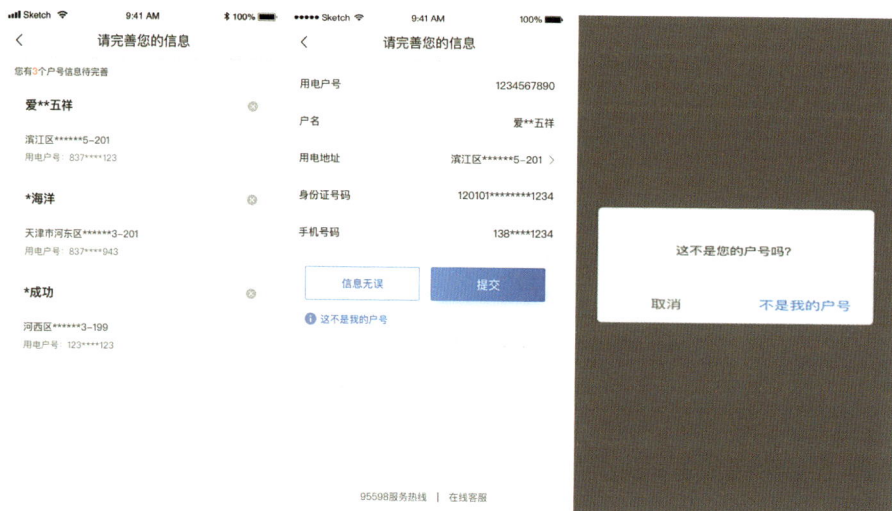

图3-4 户号删除功能展示图

4.完善档案信息

点击户号列表，可进入档案信息完善页面，实时调取营销系统数据，如图3-5所示。江苏和浙江用户户号详细信息较其他省公司增加了身份证照片，进行信息无误和提交操作时需上传身份证正反面图片。

身份证号码和手机号码调取营销系统中联系类型为"用户本人"的身份证号和手机号，若营销系统无此类型联系人，则显示为空，如图3-5所示。

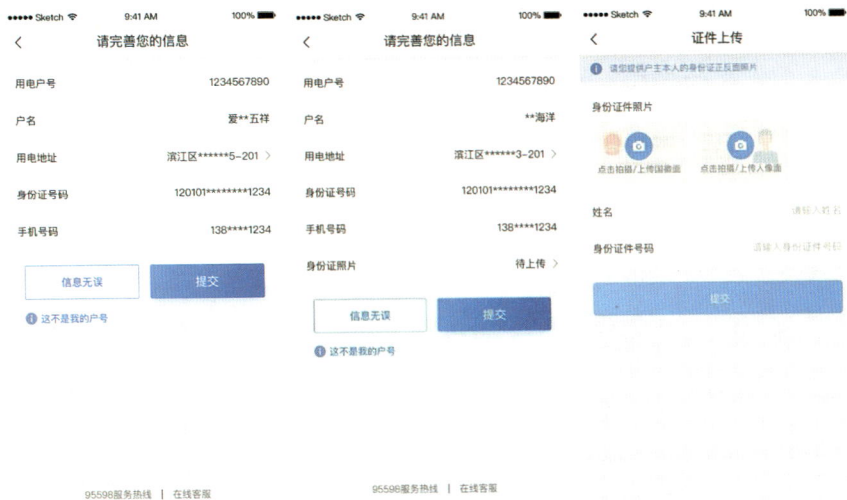

图3-5　完善档案信息界面展示图

如信息无须修改，点击"信息无误"，数据合规性校验通过后可完成核查，并在户号列表中标记为"信息无误"。校验不通过，给出相应提示，不能完成核查，如图3-6所示。

图3-6　数据合规性校验展示图

如信息修改后点击"提交"，进行数据合规性校验通过后可完成核查，并在户号列表中标记为"已提交"。校验不通过的，给出相应提示，不能完成核查，如图3-7所示。

图3-7 核查结果展示图

5.数据合规校验规则

（1）**户名**。若户名为空，则提示"户名不能为空，请填写户名。"

（2）**用电地址**。若用电地址为空，则提示"用电地址不能为空，请填写用电地址。"若用电地址包含房地产、物业，则提示"用电地址不得包含房地产、物业等信息，请重新填写。"若用电地址不包含省、市、区县、街道（乡镇），则提示"用电地址需包含省、市、区县、街道（乡镇）等地区信息，请重新选择。"

（3）**身份证号**。若身份证号为空，则提示"身份证号不能为空，请填写身份证号。"若身份证号不为18位，或前17位不为纯数字，或第18位不为纯数字或大写X，则提示"身份证号不符合规范，请重新填写。"

（4）**手机号码**。若手机号为空，则提示"手机号不能为空，请填写手机号。"若手机号不为11位，或不为纯数字，或第1位不为1，则提示"手机号不符合规范，请重新填写。"

（5）**其他规则**。校验户名和身份证信息是否匹配，若不匹配，则提示"身份证姓名与户名不一致，请重新填写，或通过'更名过户'功能变更户名。"

判断是否上传身份证照片，若未上传，则提示"请您上传户主的身份证正反面照片"（江苏、浙江适用）。

提交的身份证与户主信息存在不一致时，则提示"您上传的证件与户主信息不一致，请重新上传与户主信息一致的身份证件"。

6.更名过户引导

点击"提交"后，若检测到用户修改了户名，则提示用户通过"更名过户"功能进行修改。

7.自助普查营销系统审核操作说明

用户在网上国网申请用户自助普查档案修改，申请发送到营销普查系统，系统对用户提交的内容进行审核，居民用户可查看到网上国网发给营销普查系统审核的内容，并进行处理。

操作步骤示例如下：

普查微应用—普查结果—结果审核自助，如图3-8所示。

图3-8　结果审核界面展示图

在供电单位右边打钩，然后点击查询，即可展示本所的所有需要审核的工单，应用条件匹配也可以查找单个工单。

选中一个工单，点击右下角审核详情，如图3-9所示。

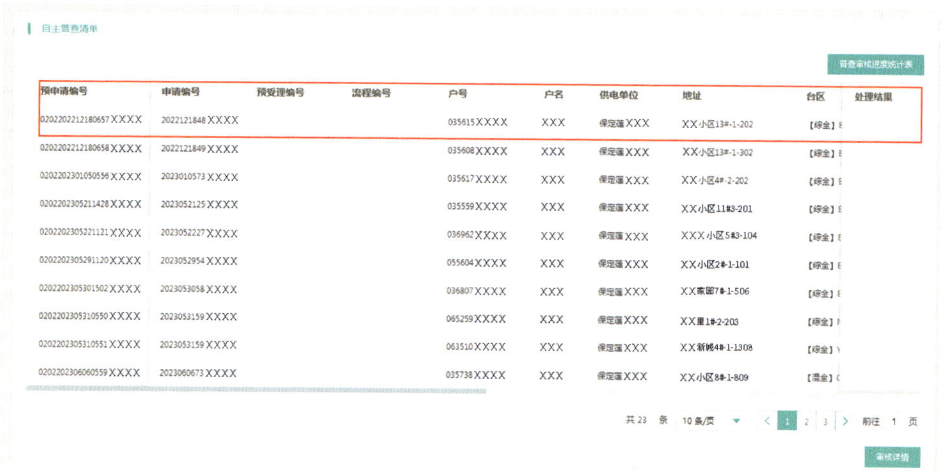

图 3-9　审核工单查询展示图

　　人工审核用户的主要信息。如果有异常的信息，可联系用户取得正确信息，并填写在复审信息里，没有异常则不用填写，如图 3-10 所示。

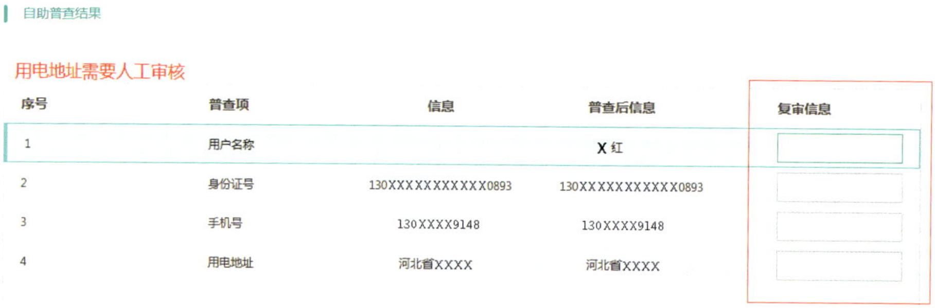

图 3-10　审核详情展示图

　　审核无误后在审核意见处选"通过"，然后点"保存并发送"，如图 3-11 所示。

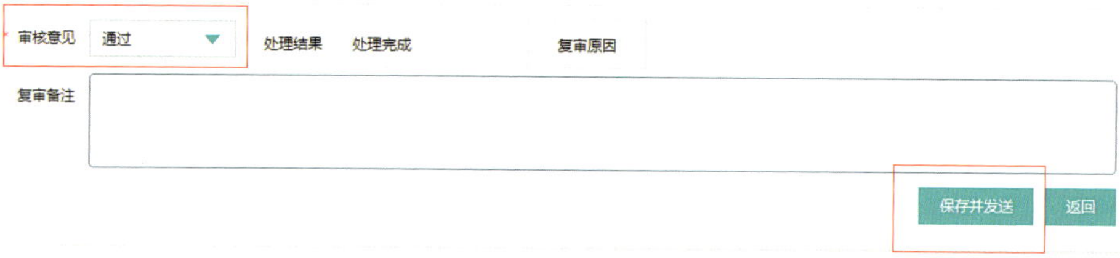

图 3-11　复审通过详情展示图

若审核有问题，在审核意见处选"不通过"，并写上原因，再点"保存并发送"，如图3-12所示。

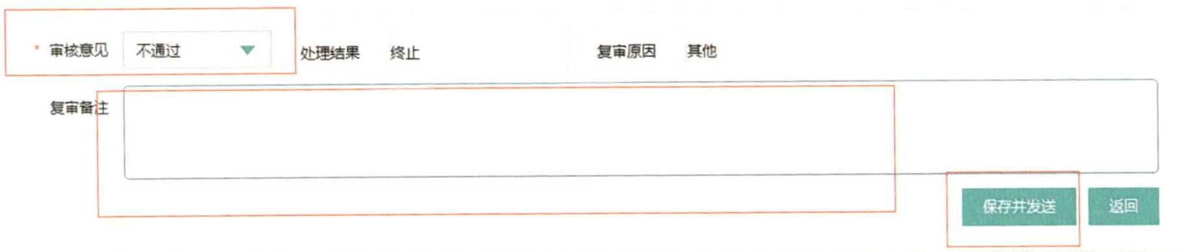

图3-12　复审不通过详情展示图

（三）95598核查下派工单处理

95598核查下派工单主要通过营配数据校核流程派发，校核外呼或回访等工作时用户基础信息问题。核查工单主要分为营销普查、回填户号校核两大类，营销普查是指用户档案中户名、联系信息等基础信息有误；回填户号校核是指在回访过程中核查出营销档案中户号、地址等信息与用户实际信息不一致，回填户号不正确。

营配校核工单的业务处理流程主要分为校核派发、校核执行、回单审核、结束四个步骤。营配校核工单由市、县级供电单位供电服务指挥中心进行自动校核派发至责任供电所校核执行，责任供电所处理完毕后工单流转至本单位稽查专业（用户管理单位），稽查专业（用户管理单位）二次校核后将工单处理结果反馈供电服务指挥中心审核，最后工单流转至省营销服务中心，流程结束。校核执行时，应确保问题一次性修改完毕，同步做好该用户其他档案信息的核对。

1.户名/用电地址错误和联系信息错误简述

客服专员在受理用户业务时，采集户号信息，发现地址信息与营销系统一致，但用户名称同音不同字，或地址不完整、不准确的现象，要在完成用户业务诉求后，通过95598业务支持系统同步下派基础档案信息校核工单，20分钟内下发至市、县级供电单位，处理人员20分钟完成接单处理，并在3个工作日内回单，发现档案信息存在问题的，在回单"是否存在问题"中点选"是"，若存在其他情况例如用户记忆错误等，此项点选"否"，国网客服中心通过系统自检和人工随机抽检的方式进行验证。

2.校核流程环节的操作方法

联系信息（户名/用电地址）错误，由营销业务应用系统独立部署，在95598平台支撑系统操作完成处理路径为：校核派发—校核执行—回单审核，如图3-13所示。

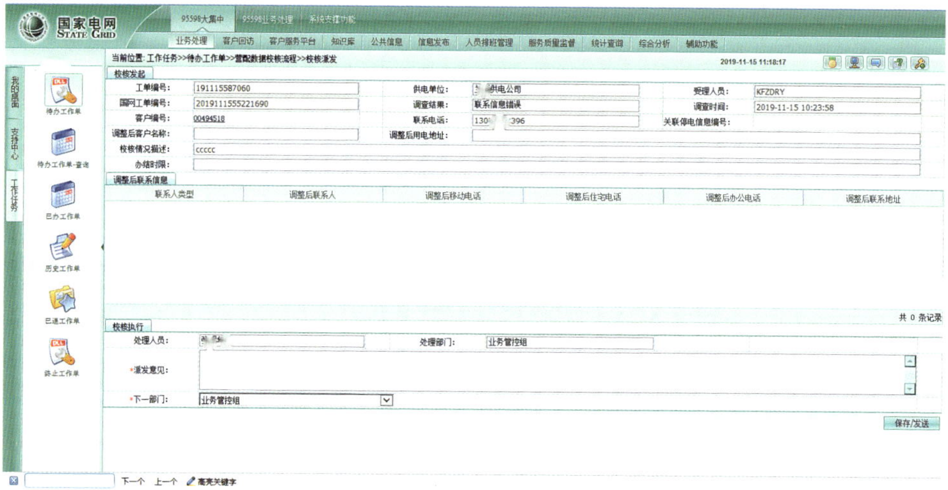

图3-13　校核流程环节展示图

五、线上普查九类标签应用

（一）九类标签介绍

国网客服中心建设"95598营销普查成功""95598营销普查失败"等九类标签向各省、市级供电单位进行共享，共享方式利用原有全网标签双向共享通道，由国网客服中心全网用户标签库将标签结果数据文件下发到各省公司营销业务应用系统标签库中。九类标签主体均为户号，更新频率为日更新，具体说明如下。

1."95598营销普查成功"标签

若咨询—异常来电—电话外呼工单受理内容中包含"营销普查成功"热点(即国网客服中心已对该户号档案中的联系人开展外呼,档案信息需修改的派发营配校核工单至各省公司,档案信息正确的不再传递至各省公司),则将工单中的用户编号标记"95598营销普查成功"标签,次日生成。

2."95598营销普查失败"标签

若咨询—异常来电—电话外呼工单受理内容中包含"营销普查失败"热点或同一户号存在"营销普查未接通"3次且无"营销普查成功"热点(即国网客服中心外呼未获取有效信息且未派发营配校核工单至各省公司),则将工单中的用户编号标记"95598营销普查失败"标签,次日生成。

3."普查处理结束"结束

若"95598电话普查成功"标签的用户编号涉及的营配校核流程工单处于"地市回单审核"环节(即省公司已对外呼普查派发的营配校核工单完成了处理),则将工单中的用户编号标记"普查处理结束"标签,次日生成。

4."网上国网户主自动核查成功"标签

若用户在网上国网完成户主认证,该过程已完成对用户产权信息的人工审核,其户名、地址、身份证号码、手机号具有较高的采信度,且已通过网上国网自助普查自动派发至各省公司,则将工单中的用户编号标记"网上国网户主自动核查成功"标签,次日生成。

5."网上国网实名自动核查成功"标签

若用户在网上国网完成实名认证,该过程已完成用户身份证姓名、身份证号码自动认证,其户名、身份证号码、手机号具有较高的采信度,且已通过网上国网自助普查自动派发至各省公司,则将工单中的用户编号标记"网上国网实名自动核查成功"标签,次日生成。

6."网上国网自助普查成功"标签

若用户在网上国网自助普查任务中修改了档案信息或确认非本人户号,且已派发至各省公司,则将工单中的用户编号标记"网上国网自助普查成功"标签,次日生成。

7."网上国网自助普查信息无误"标签

若用户在网上国网自助普查任务中选择"信息无误",且已派发至各省公司,则将工单中的用户编号标记"网上国网自助普查信息无误"标签,次日生成。

8."网上国网普查处理结束"标签

若网上国网自助普查派发至各省公司的工单已反馈处理结果至网上国网(即省侧已完成处理),则将工单中的用户编号标记"网上国网普查处理结束"标签,次日生成。

9."联系方式异常下发成功"标签

若用户档案中的联系方式异常导致无法通过95598电话联系或通过网上国网推送任务的档案数据,且已通过网上国网自助普查接口自动派发至各省公司,则将工单中的用户编号标记"联系方式异常下发成功"标签,次日生成。

(二)九类标签的建设

国网客服中心采取小步快走方式开展营销普查标签的建设应用,按照先建先用、快速迭代、全网推广的步骤实施,由手工标签转为自动标签,充分考虑不同类型标签的特点,分阶段建设、分场景应用,既加快了标签在营销业务应用系统的投运速度,也保证了可推广性。

1.标签标记阶段

(1)**手工标记阶段。**利用手工标签建设简单快速的特点,迅速建设并应用于95598业务支持系统,由客服专员主动对来电或呼叫的用户进行普查类标签的标记,并在用户下次来电时,将用户的普查标签展现给客服专员,帮助客服专员识别用户普查状态。

（2）**自动标记阶段**。自动标签通过识别营销普查工单中的热点词，自动对用户进行识别和标记。自动标签建设完成后，迅速切换，在普查工作开展中取代手工标签，减轻客服专员的额外操作压力，提高标记的准确性。

2.标签应用阶段

（1）**国网客服中心应用阶段**。国网客服中心率先将标签应用于95598外呼普查渠道。通过标签将用户的历史普查状态向业务人员呈现，支撑业务人员采取最佳普查策略，大大提高了普查效率、准确性，降低人力成本，同时提升了用户感知。

（2）**全网应用阶段**。利用标签共享通道，提供标签双向共享服务，营销普查标签应用扩大到全网范围，实现国网客服中心普查与省公司校核的数据同步，为保证国网客服中心、省公司两级协同工作开展提供了有利条件。

（三）九类标签的应用

1."网上国网普查处理结束"标签应用案例

（1）**案例简介**。利用全网标签库统建标签信息，准确定位网上国网普查处理结束用户，将01、0201、0204类用户准确区分，识别主动配合用户和不易沟通用户。通过对用户信息的自动校核分析，识别用户档案异常类型，提高现场工作人员后续对不同类型用户采取相应的增值服务方式。

（2）**案例内容**。监听各省公司向网上国网回传工单，自动识别通过网上国网自助普查派发，且已被省公司处理完成的工单，将此类工单中的用户编号标记"网上国网普查处理结束"标签。识别用户群体，聚焦客户群进行沟通难易度分析，为差异化业务策略决策执行提供依据，实现精准施策，提升用户感知。

（3）**业务策略**。按照标签分类不同，在各省公司普查工具端，任务中心增加标签信息，针对是否上门，是否投诉风险用户识别，开展相应普查任务。在任务详情工单信息模块增加标签信息，识别投诉风险，精准提示，优先处理。

提供增值服务，转变用户态度。基于各省公司工单信息处理结果、用户投诉、意见等诉求工单分析，识别配合用户和不易沟通的用户，通过对不同类型用户提供对应工作服务，制定差异化的营销普查计划、普查措施、普查话术策略，转变用户态度。建立标签评价，响应用户需求。根据用户在网上国网普查处理结束类型，当不同用户在发生停电、欠费等存在诉求情况时，迅速告知台区经理给出对应策略。若用户信息为0204类型，将用户诉求工单及时通知到台区经理，避免发生服务不到位的情况。

（4）**推广要点。**推广应用过程中，建议对01、0201类用户进行特殊标记，此类人群易配合普查和调研工作，建议对0204类用户加强走访和宣传工作，避免工作服务辐射不到位，出现风险工单，及时消除隐患，有助于提质增效。

（5）**推广成效。**截至2022年5月H省公司通过此项标签功能，完成52.85万居民用户的普查工作，当前H省公司居民用户名称合格率90.27%，用电地址合格率97.94%，身份证号合格率97.09%，联系人手机号码合格率98.37%，减少居民普查工作量25%，助力H省公司普查工作有序推进。

2.“网上国网实名自动核查成功”标签应用案例

（1）**案例简介。**省公司利用普查标签信息，准确识别出该户已经进行实名认证，同时根据用户上传的证件信息以及用户名称，与现有的数据进行比对更正，减少普查人员在现场找不到人，或者电话传达信息存在误差，从而减少工作人员的工作量，同时方便用户确认信息，防止他人恶意注册绑定，有效防范信息泄露等风险。

（2）**案例内容。**扫描网上国网用户实名认证数据，对用户实名认证信息执行自动核查，标记通过核查的用户为“网上国网实名自动核查成功”用户，将用户标记随网上国网自助普查工单下派，为各省公司接单处理动作执行提供参考，节约人工普查投入，提升普查工作效率。

（3）**业务策略。**按照标签的标注不同，对含有网上国网实名自动核查成功的用户进行普查时，在普查整改用户信息处有明显小图标提示，界面无须再次上传相关的证件信息、用户名称等数据，在最后普查完成提交数据时有明显提示，并在网上国网用户属性界面同时标注，以便区分优质用户与普通用户。优惠信息优先推送：针对主动进行实名认证的用户，在网上国网有相应的有奖调查问卷，以及电费优惠等活动进行优先推送，并在网上国网界面标注其特权，推动普通用户转变为优质用户，提升用户的参与度，减少基层工作人员工作压力，同时提升用电用户基础数据质量。标签用户通知：在全网标签库系统增加"用户差异通知"功能，根据标签或用户类型查询到的风险防控对象可推给网上国网专属客服，方便客户经理对不同类型的用户及时发送针对性的信息。

（4）**推广要点。**推广应用过程中，建议增强用户人脸认证，确保用户信息不被恶意实名认证，防止电费等私人信息泄露风险，同时增加对身份证件上传的时间有效性进行核验，确保用户的证件处于有效期内，同时应该注意仅上传身份证的用户应为居民用户。

（5）**推广成效。**截至2022年5月，J供电公司通过此项标签功能，完成31.28万项目用户基础数据信息普查，减少整体普查工作量9.75%，数据准确率99.68%；减少用户整体普查时长，降低普查工作人员空跑率（现场无人）约20%，显著提升了普查工作的质效。

第四章

计量普查信息监测

一、40个字段中的计量问题

（一）日冻结示数

1.问题描述

日冻结示数指存储用电用户，有选择地冻结当时时刻的有功（总）、有功（尖峰）、有功（峰）、有功（谷）、有功（平）、无功（总）、无功（Q1象限）、无功（Q2象限）、无功（Q3象限）、无功（Q4象限）、最大需量、反有功（总）、反有功（尖峰）、反有功（峰）、反有功（谷）、反有功（平）、反无功（总）等各项示数，并记录冻结年、月、日、时、分、秒时间。

2.异常分析

核查采集失败导致主站采集终端的日冻结示数失败，分析终端运行异常事件记录。

3.主要影响

日冻结示数采集失败会导致日电量无法统计，影响电费结算，并生成终端运行异常事件记录。

（二）月冻结示数

1.问题描述

月冻结示数是指存储用电用户对应采集点每月抄表例日零时各示数类型的电能量示数，包含月初冻结示数和月末冻结示数。月初冻结示数为上月最后一日24时（本月1日零时）存储的电能量示数，月末冻结示数为本月最后一日24时（次月1日零时）存储的电能量示数。

2.异常分析

根据终端版本的版本号，终端的档案信息，分析主站月冻结示数失败数据，分析终端运行异常事件记录。

3.主要影响

月冻结示数采集失败会导致月度电量无法统计，影响月电费结算，并生成终端运行异常事件记录。

（三）高压用户日电能示值曲线

1.问题描述

高压用户日电能示值曲线是指高压用户每日每15分钟记录电能示值，将每日96个示值连一起后通过坐标轴展示的曲线，用于负荷计算与统计。

2.异常分析

根据终端的版本号，终端的档案信息，分析主站采集失败数据，生成终端运行异常事件记录。

3.主要影响

高压用户日电能示值曲线采集失败，各时点电量值的差错均会影响日电能示值曲线的形状，无法进行负荷计算与统计。

二、计量主题异常问题

（一）计量资产报废处置不规范

1.问题描述

对因非设备质量原因（工作质量、外部因素、自然灾害）造成故障、功能性淘汰的电能表进行报废。在报废过程中，存在未经安装、未经鉴定、未经审批等现象，导致此类电能表报废存在财务和审计风险。

2.异常分析

（1）分析电能表在安装过程中损坏或电能表烧毁，没有照片和合规的佐证材料。

（2）分析老旧小区拆迁导致计量资产丢失或新装小区施工队安装计量资产时丢失资产，没有实物丢失证明。

（3）核实功能性淘汰的电能表审批手续不全。

3.主要影响

计量资产报废不规范表现为：一是不该报废的计量资产提前报废，这主要是未能严格执行设备报废标准，使一些使用功能良好的计量设备提前报废。二是计量设备报废流程不规范，存在报废申请不合规，审核把关不严等问题。计量资产报废不规范容易造成国有资产流失，引发财务和审计风险。

（二）超容用电

1.问题描述

电力用户超容是指用户在某一时段或某几个时段超过供电合同约定容量或变压器容量运行。超容整治是营业普查的一项日常工作，既要做到约束用户在合同约定的容量内用电，又要保证不影响用户的正常生产用电。根据超容名单及时到现场核实，与用户沟通，分析超容原因，提出整改方案并开具超容通知单。对拒不接受处理的用户根据法律法规采取相应措施，对愿意增容的用户，则积极地做好用电指导，提供增容业务的配合服务。

2.异常分析

通过营销系统的月度电量、运行容量，并结合采集系统最大需量，列出疑似超容用电清单。

3.主要影响

超容量用电会导致变压器所在线路或变压器下其他用户电压下降，部分用户的用电设备无法正常使用，严重的可能导致超容变压器及配电设备烧毁，影响配网的供电可靠性。

（三）电能表止码录入不准确

1.问题描述

在营销系统中，因换表等情况造成电能表止码录入错误，由此可能造成多计、少计电费，造成不必要的供电服务事件。

2.异常分析

（1）用户更换电能表表码抄录错误。

（2）走换表流程时，由于业务人员不认真导致数据录入错误。

（3）营销系统无前置校验，导致异常数据未及时预警提示。

3.主要影响

电能表止码录入错误，可能造成多计、少计电费，造成不必要的供电服务事件。

（四）营配贯通问题

1.问题描述

将营销信息系统与生产管理系统合并，并将二者引入叠加在CAD地图上，给每一个新安装的计量箱贴上唯一的条形码，并扫描入系统，为每一个计量箱定位，便于供电抢修人员在发生故障时快速定位，极大缩短了故障查找时间。

2.异常分析

（1）核查营销业务应用系统台区下有两台变压器与PMS系统关联情况。

（2）分析用户在营销业务应用系统和电网GIS系统中对应的变压器是否不一致。

（3）分析系统中同一计量箱中存在两个或多个台区的电能表。

3.主要影响

营配贯通可以定位到每个台区的杆塔和电能表，不但可以在停电抢修时自动群发短信通知停电线路、台区下的用电用户，及时做出停电提醒，还可以为工作人员及时准确地调取各种数据，为营销服务提供有效的依据。尤其是在业扩报装方面，可自动获取配网结构及线路负荷情况，实现报装时参考电源的最优接入点，促进业扩报装的提速、提质。

（五）工作程序与作业规范

工作程序与作业规范如表3-1所示。

表3-1　作业内容及危险点防控措施

序号	工作步骤	责任人	作业内容 （工作规范和质量要求）	主要危险点 预防控制措施	记录
一、系统分析					
1	采集异常分析	台区责任人	（1）采集成功率分析。分析用户电能表及分布式电源电能表的采集成功率，依据《集中抄表终端（集中器、采集器）故障处理标准化作业指导书》在主站侧分析研判采集失败故障原因，重点排查主站与终端参数设置、无线公网运行情况、过零点停电、电能表时钟超差等因素，初步定位故障原因，为现场排查奠定基础。 （2）光伏发电用户用电量采集分析。通过穿透光伏发电用户的电能表，查看电能示值是否成功冻结与正确采集。 （3）台区总表反向电量采集分析。穿透台区总表反向电能示值，分析是否存在反向电量，且该数据被正常成功采集	（1）系统主站用户应妥善保管账号及密码，不得随意授予他人。 （2）系统主站用户端禁止在管理信息内、外网之间交叉使用。 （3）系统主站用户端计算机应安装防病毒、桌面管理等安全防护软件	
2	电量统计分析	台区责任人	（1）光伏发电台区的线损计算。查询计算电量明细，当台区总表存在反向电量时，该电量是否正常纳入售电量计算。 （2）无表用电统计。查询营销系统档案，确定台区下是否存在非装电能表用户，同时查询线损，计算电量明细，确定该类用户用电量是否纳入售电量计算。 （3）数据补全分析。查询计算电量明细，查看因采集失败、电量飞走等原因进行电量数据补全的用户，确认依据历史数据分析补全电量值是否合理	（1）系统主站用户应妥善保管账号及密码，不得随意授予他人。 （2）系统主站用户端禁止在管理信息内、外网之间交叉使用。 （3）系统主站用户端计算机应安装防病毒、桌面管理等安全防护软件	

续表

序号	工作步骤	责任人	作业内容 （工作规范和质量要求）	主要危险点 预防控制措施	记录
3	档案异常分析	台区责任人	（1）台户关系一致性分析。比对营销系统、采集系统的该台区用户电能表档案，分析台区下采集点、电源点、计量点的一致性情况。若怀疑因负荷切割导致的线损异常，可比对PMS系统、营销系统、采集系统对应的用户档案数据。当档案不一致时，现场开展台户关系核查工作，核查后通过营销系统修改档案信息并同步至PMS系统及采集系统。 （2）台区总表与用户电能表倍率一致性分析。查询营销系统、采集系统，分析总表与用户电能表倍率一致性，并分析倍率值在线损计算周期内是否发生变化。当综合倍率不一致时，需要进行现场核查，并在营销系统发起参数变更流程同步至采集系统。 （3）用户计量点档案分析。核对营销系统、采集系统中用户的计量档案，确保用户计量点状态为在运，计量点级数为1级，计量点主要用途为售电侧结算。 （4）在途流程分析。查询营销系统与采集系统，分析在线损计算周期内是否存在电能表新装、更换、参数调整等在途流程。同时督促相关人员按时完成在途流程流转	（1）系统主站用户应妥善保管账号及密码，不得随意授予他人。 （2）系统主站用户端禁止在管理信息内、外网之间交叉使用。 （3）系统主站用户端计算机应安装防病毒、桌面管理等安全防护软件	

续表

序号	工作步骤	责任人	作业内容 （工作规范和质量要求）	主要危险点 预防控制措施	记录
4	计量异常分析	台区责任人	（1）电量异常分析。穿透用户电能表日冻结数据，分析是否存在因倒走、飞走、电能示值不平等原因，导致用户电量数据被过滤或以补全数据代替的情况。 （2）用户电能表时钟分析。穿透用户电能表时钟，查看是否因为用户电能表时钟超差，导致总表与用户电能表电量不同期，用户电能表提前冻结日电能示值，使用电量少计，若是则发起电能表对时任务。 （3）台区总表与用户电能表接线分析。召测台区总表及穿透用户电能表的电压、电流曲线数据，分析是否电压断相、电压缺相或电流断续、异常波动等异常，同时召测台区总表的电压电流相位角分析接线是否正确，从而初步确定现场计量装置接线是否存在接线断线、接触不良、螺丝松动、接线错误等异常	（1）系统主站用户应妥善保管账号及密码，不得随意授予他人。 （2）系统主站用户端禁止在管理信息内、外网之间交叉使用。 （3）系统主站用户端计算机应安装防病毒、桌面管理等安全防护软件	

二、工作前准备

1	工作预约	工作负责人	如异常排查需用户配合的，应提前和用户预约现场作业时间	提前沟通，避免投诉	
2	打印工作单	工作负责人	根据工作安排打印工作单		工作单
3	办理工作票签发	工作负责人	（1）依据工作任务填写工作票。 （2）办理工作票签发手续。 （3）不具备工作票开具的情况，可填写施工作业任务单等	检查工作票所列安全措施是否正确完备，应符合现场实际条件。防止因安全措施不到位引起人身伤害和设备损坏	工作票

序号	工作步骤	责任人	作业内容 （工作规范和质量要求）	主要危险点 预防控制措施	记录
4	领取材料	工作班成员	凭故障处理工作单领取所需材料，并核对所领取的材料是否符合故障处理工作单要求	（1）核对材料信息，避免错领。 （2）提前沟通、张贴施工告示，避免引起投诉	工作单
5	准备和检查仪器设备	工作班成员	根据工作内容准备所需仪器设备，并检查是否符合作业要求	避免使用不合格仪器引起的人身伤害和设备损坏	工作单
6	准备和检查工器具	工作班成员	根据工作内容准备所需工器具，并检查是否满足安全及实际使用要求	避免使用不合格工器具引起的人身伤害和设备损坏	工作单
三、现场开工					
1	办理工作票许可	工作负责人	（1）告知用户或有关人员，说明工作内容。 （2）办理工作票许可手续。 （3）会同工作许可人检查现场的安全措施是否到位，检查危险点预控措施是否落实	（1）防止因安全措施未落实引起人身伤害和设备损坏。 （2）同一张低压工作票，工作票签发人、工作许可人与工作负责人不得互相兼任。若相互兼任，应具备相应的资质，并履行相应的安全责任。工作许可人中只有现场工作许可人可与工作负责人相互兼任	工作票

续表

序号	工作步骤	责任人	作业内容 （工作规范和质量要求）	主要危险点 预防控制措施	记录
2	检查并确认安全工作措施	工作负责人	（1）根据工作票所列安全要求，落实安全措施。涉及停电作业的应会同工作许可人确认停电范围、断开点、防误合闸措施。工作负责人在作业前应要求工作许可人当面验电；必要时工作负责人还可使用自带验电器（笔）重复验电。 （2）必要时在作业现场装设临时遮栏，将作业点与邻近带电间隔或带电部位隔离	（1）工作人员应正确使用合格的个人劳动防护用品。 （2）应将现场电气设备视为带电设备，并与设备保持安全距离。 （3）进入现场工作，至少由两人进行。 （4）进入现场应保持与带电设备的安全距离。 （5）严禁工作人员未履行工作许可手续擅自开启电气设备柜门或操作电气设备。 （6）严禁在未采取任何监护措施和保护措施情况下现场作业	工作票
3	班前会	工作负责人、专责监护人、工作班成员	（1）检查着装是否规范、个人防护用品是否合格齐备、人员精神状态是否良好。 （2）交代工作内容、工作地点、作业间隔、人员分工、带电部位和现场安全措施，进行危险点告知和技术交底，并履行签名确认手续	防止危险点未告知，引起人身伤害和设备损坏	工作票

四、现场排查

| 1 | 采集故障排查 | 工作班成员 | 参照《集中抄表终端（集中器、采集器）故障处理标准化作业指导书》排查采集故障 | （1）防止电源故障检查时短路或接地造成人身伤亡事故和设备事故。
（2）防止误碰带电物体和设备引起人身伤害和设备损坏。
（3）在绝缘梯上工作时，注意防止工具、物件掉落 | 工作单 |

序号	工作步骤	责任人	作业内容 （工作规范和质量要求）	主要危险点 预防控制措施	记录
2	台区关口计量装置排查	工作班成员	参照《经低压互感器接入式电能计量装置故障处理标准化作业指导书》开展台区关口计量装置排查，重点排查以下内容： （1）台区总表。 1）检查台区总表外观，是否存在白屏、黑屏、死机、烧毁等现象，封印是否完好，液晶屏幕上是否有故障报警信息。 2）检查总表屏显的实时电压、电流、相位角、功率因数等数据与实测值是否一致，排除计量装置故障、接线错误、接触不良、接线松动等情况。 3）检查台区总表联合试验接线盒的连接片位置是否正确、连接牢固、接触良好。 4）检查台区总表电压回路中性线是否断开或电阻过大。 5）检查台区总表电压、电流回路连接是否完好，线径是否满足要求。 6）校验台区总表的计量准确度是否超差。 （2）台区总表电流互感器。 1）检查互感器外观是否存在裂痕、烧毁现象。 2）依据互感器一次、二次侧电流的实测值换算倍率，查看是否与铭牌、各系统显示的倍率值一致。宜用计量现场作业终端读取RFID信息，核对互感器变比信息。 3）对于穿心式互感器，核对穿心匝数与铭牌倍率匝数标识是否一致。 4）检查互感器接线是否正确、牢固	（1）防止误碰带电物体和设备引起人身伤害和设备损坏。对金属箱体接地检查并验电，防止设备外壳带电。 （2）接入临时电源时安排专人监护。 （3）检查接入电源的线缆有无破损，连接是否可靠。 （4）接入电源前应先对电源箱验电，避免人身触电事故发生。 （5）在无法满足安全距离的情况下，严禁拍照	工作单

续表

序号	工作步骤	责任人	作业内容 （工作规范和质量要求）	主要危险点 预防控制措施	记录
3	用户计量装置排查	工作班成员	参照《单相电能计量装置故障处理标准化作业指导书》《三相直接接入式电能计量装置故障处理标准化作业指导书》《经低压互感器接入式电能计量装置故障处理标准化作业指导书》开展用户计量装置排查，重点排查以下内容： （1）用户电能表。 1）检查电能表运行是否正常，有无损坏、烧灼、白屏、黑屏、死机等现象，计量封印是否完好，液晶屏幕上是否有故障报警信息。 2）检查电能表屏显示电压、电流、功率因数、相位角等数值是否与线路实测值一致。 3）系统分析存在开盖、停走、三相不平衡、失压、断相、逆相序等现象的电能表，检查是否存在电压线虚接、相序接反、电压电流线不同相、进出线反接、中性线与相线不接表、电流回路分流、中性线虚接等现象。 4）检查接线盒电流、电压回路连接片位置是否错误、松动或脱落，压接式连接点导线绝缘层是否完全剥除，螺丝与导体是否接触不良或接触面氧化。 5）检查电压回路中性线是否断开或电阻过大。 6）检查电能表电压、电流回路连接是否完好，线径是否满足要求。 7）校验电能表的计量准确度是否超差。 （2）低压电流互感器。 1）检查互感器外观是否存在裂痕、烧毁现象。	（1）防止误碰带电物体和设备引起人身伤害和设备损坏。 （2）接入临时电源时安排专人监护。 （3）检查接入电源的线缆有无破损，连接是否可靠。 （4）接电源前应先对电源箱验电，避免人身触电事故发生。 （5）在无法满足安全距离的情况下，严禁拍照	工作单

序号	工作步骤	责任人	作业内容 （工作规范和质量要求）	主要危险点 预防控制措施	记录
3	用户计量装置排查	工作班成员	2）依据互感器一次、二次侧电流的实测值换算倍率，是否与铭牌、各系统显示的倍率值一致。用现场作业终端读取RFID信息，核对互感器变比信息。 3）对于穿心式互感器，核对穿心匝数与铭牌倍率匝数标识是否一致。 4）检查互感器接线是否正确、牢固	（1）防止误碰带电物体和设备引起人身伤害和设备损坏。 （2）接入临时电源时安排专人监护。 （3）检查接入电源的线缆有无破损，连接是否可靠。 （4）接电源前应先对电源箱验电，避免人身触电事故发生。 （5）在无法满足安全距离的情况下，严禁拍照	工作单
4	台户关系排查	工作班成员	可运用台区识别仪、停送电分析法等方法逐一进行台户关系梳理。其中，停送电分析法可依据《户变关系研判标准化作业指导书》开展	防止误碰带电物体和设备引起人身伤害和设备损坏	工作单
5	无表用电排查	工作班成员	检查配电房中照明、直流屏等设备，以及交通信号灯、路灯、公安监控探头、广电信号放大器、电信网络设备、广告灯、电话亭、公共厕所、公交站亭、泛光照明、景观灯、小区内户外用电设备等用电是否存在无表用电的情况。同时排查是否存在无表临时用电的情况	防止误碰带电物体和设备引起人身伤害和设备损坏	工作单

续表

序号	工作步骤	责任人	作业内容 （工作规范和质量要求）	主要危险点 预防控制措施	记录
			五、异常处理		
1	采集故障处理	工作班成员	参照《集中抄表终端（集中器、采集器）故障处理标准化作业指导书》《集中抄表终端（集中器、采集器）装拆及验收标准化作业指导书》处理采集故障	（1）防止误碰带电物体和设备引起人身伤害和设备损坏。 （2）更正接线过程中，裸露的导线线头应用绝缘胶布包好，防止相、零线误碰，造成短路。 （3）防止电流二次回路开路。 （4）确保线头不得有碰壳和外露现象	工作单
2	台区总表故障处理	工作班成员	参照《低压互感器接入式电能计量装置故障处理标准化作业指导书》《集中抄表终端（集中器、采集器）故障处理标准化作业指导书》开展台区总表故障处理，其中： （1）台区总表故障（如有负荷但是不走字、无负荷却潜动、电能表液晶显示示数与采集到的数据不一致、黑屏、死机、烧毁等）时应进行更换。 （2）对时钟超差的电能表进行现场或远程对时，对无法冻结数据的电能表进行更换。 （3）对接线盒中位置错误的连接片进行修正，对松动或脱落的连接片进行紧固，对接触不良的螺丝和导体位置进行修复。 （4）对于接线错误应更正接线方式，禁止在台区总表前接电	（1）防止误碰带电物体和设备引起人身伤害和设备损坏。 （2）更正接线过程中，裸露的导线线头应用绝缘胶布包好，防止相、零线误碰，造成短路。 （3）防止电流二次回路开路。 （4）确保线头不得有碰壳和外露现象	工作单

序号	工作步骤	责任人	作业内容 （工作规范和质量要求）	主要危险点 预防控制措施	记录
3	用户电能表故障处理	工作班成员	参照《单相电能计量装置故障处理标准化作业指导书》《三相直接接入式电能计量装置故障处理标准化作业指导书》《经低压互感器接入式电能计量装置故障处理标准化作业指导书》处理用户电能表故障，其中： （1）当电能表出现无封印、疑似窃电等情况时，应保持现场，并通知相关部门处理。 （2）对时钟超差的电能表进行现场或远程对时，对无法冻结数据的电能表进行更换。 （3）对联合试验接线盒中位置错误的连接片进行修正，对松动或脱落的连接片进行紧固，对接触不良的螺丝和导体位置进行修复。 （4）若电压回路中性线不符合要求，则更换中性线。 （5）对于接线错误应更正接线方式，特别是光伏发电等分布式电源计量接线应按规范要求接线	（1）防止误碰带电物体和设备引起人身伤害和设备损坏。 （2）更正接线过程中，裸露的导线线头应用绝缘胶布包好，防止相、零线误碰，造成短路。 （3）防止电流二次回路开路。 （4）确保线头不得有碰壳和外露现象	工作单

续表

序号	工作步骤	责任人	作业内容 （工作规范和质量要求）	主要危险点 预防控制措施	记录
4	电流互感器故障处理	工作班成员	参照《低压互感器接入式电能计量装置故障处理标准化作业指导书》处理故障，其中： （1）互感器有裂痕、烧毁、实际倍率与标称铭牌不符、二次回路负荷超过额定负荷时，应进行更换。 （2）互感器倍率过大时，及时根据用户负荷变化情况，将电流互感器调换为倍率合理的电流互感器。 （3）互感器接线错误（包括穿心式互感器的穿心匝数错误）时应更正错误接线。 （4）现场互感器倍率与系统倍率不一致时，应督促相关人员及时发起参数变更流程，并同步至采集系统	（1）防止误碰带电物体和设备引起人身伤害和设备损坏。 （2）更正接线过程中，裸露的导线线头应用绝缘胶布包好，防止相线、零线误碰，造成短路。 （3）防止电流二次回路开路。 （4）确保线头不得有碰壳和外露现象	工作单
5	台户关系异常处理	工作班成员	对于台户关系不一致故障，依据排查结果完成GIS系统中的图形修正，并启用营配调异动接口，将正确的台户关系由营配调贯通推送至营销系统，同步实现营销系统、采集系统台户关系的更新	（1）应妥善保管账号及密码，不得随意授予他人。 （2）系统用户端禁止在管理信息内、外网之间交叉使用	工作单
6	无表用电处理	工作班成员	（1）对未装表的用电设备应统一进行建档管理、装电能表量。 （2）与交通部门、广电部门、运营商等签订协议，规范小电量设备安装流程，创造条件装电能表量。 （3）对于确实无法装电能表量的临时用电，应定期核查用户用电负荷，防止用户私自增加用电负荷	防止误碰带电物体和设备引起人身伤害和设备损坏	工作单

续表

序号	工作步骤	责任人	作业内容 （工作规范和质量要求）	主要危险点 预防控制措施	记录
六、收工					
1	清理现场	工作班成员	（1）检查、整理、收集、清点作业工器具。 （2）清理现场，做到工完、料尽、场地清	清扫整理作业现场应加强监护，防止触电	
2	介绍注意事项并签字	工作班成员	涉及电能表更换，请用户在工作单上履行确认签字手续		工作单
3	办理工作票终结	工作负责人	（1）拆除现场安全措施、工作人员撤离作业现场。 （2）与工作许可人办理工作终结	拆屋现场安全措施时，必要时设专人监护	工作单
七、资料归档					
1	信息录入	工作班成员	将相关信息录入系统		
2	资料归档	工作班成员	工作结束后，工作单等单据应由专人妥善存放，并及时归档		

第五章

营销普查评价管控模块

为适应营销 2.0 系统转型需要，辅助开展营销普查各项工作，总部围绕"数据采录核验、数据治理维护、数据质量评价、数据赋能应用"四个方面，开发数智营销普查全景视窗模块。

一、营销普查评价工作流程

（一）营销普查现场检查

按照《营销普查和规范工作自查整改细则》要求，省公司层面，落实分级检查责任制完成自查工作，对本省所属各层级单位自查整改全覆盖。地市公司层面，负本地区营销普查和规范工作的质量进度执行主体责任，对本市所属县公司自查整改全覆盖。区县公司、城区供电单位层面，负本地区营销普查和规范工作的质量进度实施主体责任，对本地区所属供电所现场检查全覆盖。供电所站班组，负本辖区营销普查和规范工作的质量进度实施主体责任，开展自查整改。各层级单位自查整改完成后，应用总部营销 2.0 系统平台数字化营销普查评价管控模块，完成问题录入和报告编制。

总部组织营销普查柔性团队，应用总部营销 2.0 系统平台数字化营销普查评价管控模块，以及国网客服中心派发的网上国网自助普查和95598外呼核查档案异常清单，对各单位普查进度、普查问题整改率、已普查数据质量合格率等问题进行在线筛查溯源分析，并对各单位自查整改结果进行针对性抽查。

（二）营销普查评价管控

现场检查流程包含发起检查任务、录入检查结果2类业务流程节点。国网总部需生成、处理现场检查任务，省、市、县级供电单位需处理总部发起的现场检查任务，任务完成之后根据录入结果生成问题检查报告，各省公司需要在本级及下级单位完成全覆盖检查之后再生成检查报告。

二、操作说明

（一）发起检查任务

登录地址：emss.sgcc.com.cn。

浏览器：谷歌浏览器，版本要求89.0版本及以上。

环境要求：国网内网。

检查任务只能由国网总部发起。

总部营销普查角色权限账号登录系统，进入菜单：数智营销普查全景视窗—质量评价—质量评价管控模块—发起检查任务。

（1）点击查询可查看当前存在的检查任务信息，如图5-1所示。

图5-1 检查任务查看界面

（2）点击任务编号可查看当前任务基本信息。

（3）点击左下角"新增任务"，可进行检查任务新增。填写任务基础信息，其中任务类型分为总部现场检查、省侧现场检查，选择总部现场检查，则由总部检查人员对各省公司进行检查并录入检查结果和编制报告，选择省侧现场检查，则由各省公司自查并录入检查结果和编制报告；任务接收单位、任务起止时间为必填字段，如图5-2所示。

图5-2　新增任务填写界面

（4）点击"确定"生成检查任务，可在任务列表查看。

（二）录入检查结果

总部生成检查任务后，任务类型为总部现场检查由总部角色账号进行结果录入和报告编制，省侧现场检查由省侧省、市、县级供电单位角色账号进行录入和报告编制。

（1）进入菜单。数智营销普查全景视窗—质量评价—质量评价管控模块—录入检查结果，如图5-3所示。

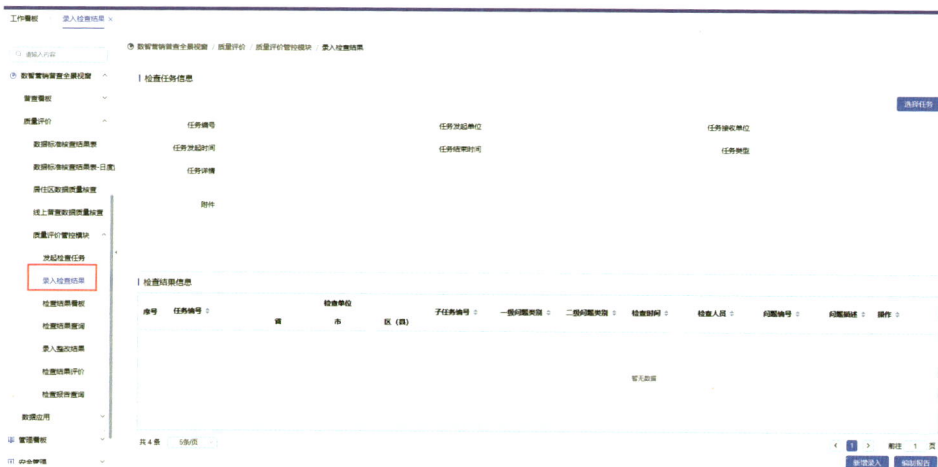

图5-3　检查结果录入界面

（2）点击右上角"选择任务"，点击查询，可查看当前需要录入结果的检查任务，如图5-4所示。

图5-4　检查任务查看界面

（3）选中任务点击确定。

（4）选中任务后点击右下角"新增录入"进行检查结果录入。结果录入分为"检查结果批量导入"和"检查结果系统录入"，批量导入下载模板，按模板要求填写，选择文件导入。

（5）文件导入完成后，可选择结果核查是否正确，确认无问题点击右下角"保存"完成录入。

（6）检查结果系统录入为手动单条录入，其中一级问题分类、二级问题分类、检查人员、问题描述为必填字段，填写完成后保存即可完成录入。

（7）结果录入完成后点击"保存"，该结果会显示在检查结果信息列下，如图5-5所示。

图5-5 检查结果显示界面

（三）编制报告

编制报告与录入检查结果在同一页面，在区县完成检查结果信息录入后，点击右下角"编制报告"进入报告编制页面。

提示：只有在地市下各区县报告编制完成后，地市才可进行报告编制；普查开展情况最少150字，最多500字。

（1）报告内容填写完成之后，先点击"保存"再点击"提交"完成检查报告编制，如图5-6所示。

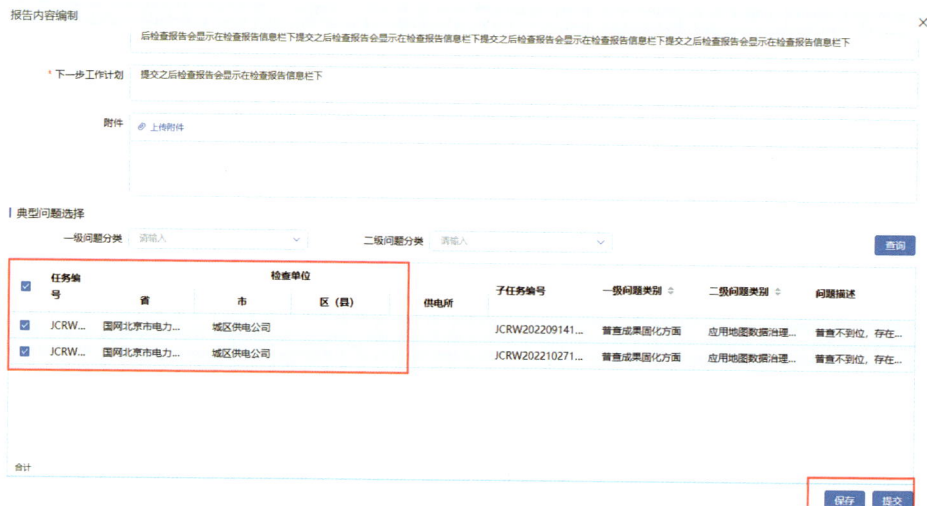

图5-6　检查报告编制界面

（2）提交之后检查报告会显示在检查报告信息栏下。报告编制有误的，可以右下角点击"报告撤回"重新进行报告编制。

（四）检查结果查询

检查结果录入和报告编制完成之后，可在数智营销普查全景视窗—质量评价—质量评价管控模块—检查结果查询页面进行查看，如图5-7所示。

图5-7 检查结果查询界面

（五）检查结果看板

在数智营销普查全景视窗—质量评价—质量评价管控模块—检查结果看板页面，对各单位检查整体结果情况按照年度进行统计展示，如图5-8所示。

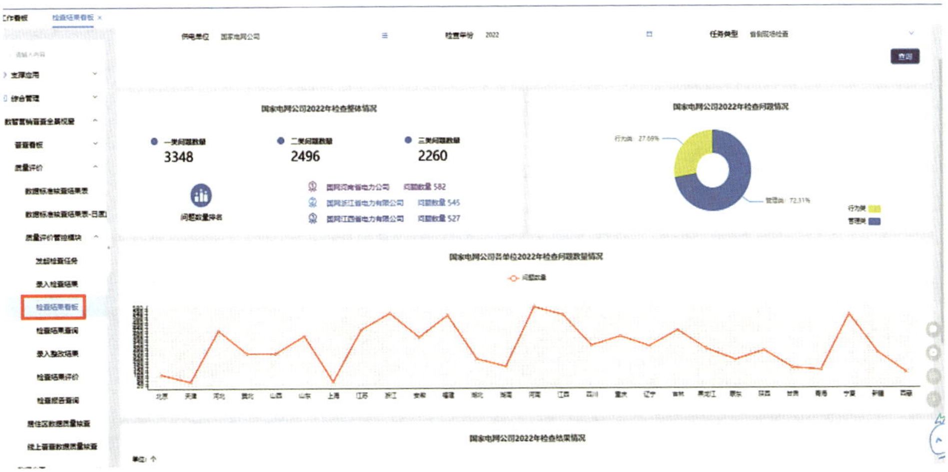

图5-8 检查结果看板界面

（六）检查报告查询

在数智营销普查全景视窗—质量评价—质量评价管控模块—检查报告查询页面，可查询、下载本单位及下级单位报告，如图5-9所示。

图5-9　检查报告查询